헤세는
이렇게
말했다

정인모 편역

부산대학교 독어교육과를 졸업하고 서강대학교에서 독어독문과 박사 학위를 받았다. 독일 칼스루에 대학교와 쾰른 대학교에서 수학했으며, 한국 하인리히 뵐 학회 회장을 역임했다. 현재 부산대학교 독어교육과 교수로 재직 중이며, 교양교육원장직을 맡고 있다. 한국 헤세 학회 국제이사로도 활동 중이다. 지은 책으로『하인리히 뵐의 문학 세계』,『독일문학의 이해』,『독일문학 감상』등이 있고, 옮긴 책으로는『신 독일문학사』(공역),『공간, 장소, 경계』(공역),『창백한 개』,『침묵의 거리』등이 있다.

Also sprach Hesse

헤세는
이렇게
말했다

헤르만 헤세 Hermann Hesse

정인모 편역

책읽는오두막

사랑과 행복

7

나의 꿈은 별을 향하여

Mein Traum geht zum Stern.

독서의 기술

57

책은 너 자신에게로 돌아가게 한다

Das Buch führt dich zurück zu dir selbst.

평화

109

낙원으로 향하는 문이 열려 있다

Die Tür ist offen zum Paradies.

구도의 길

149

신이여, 저를 절망케 하소서

Lass mich verzweifeln, Gott, an mir.

예술

195

예술의 시작은 사랑이다

Die Kunst beginnt mit der Liebe.

황혼의 매력

247

가장 아름다울 때 사라지다

Im schönsten Augenblick verschwindet es.

사랑과 행복

나의
꿈은
별을 향하여

Mein Traum geht zum Stern.

Also sprach Hesse

아름다운 사람

장난감을 받고 기쁨에 겨워 그것을 바라보며 얼싸안다가
기어이 망가뜨리고, 내일이면 어느새
그것을 준 사람조차 잊어버리는 아이처럼,
당신은 내가 드린 내 마음을 고운 장난감처럼
조그만 손으로 장난하면서,
내 마음이 고뇌에 떨고 있는 것을 돌보지 않습니다.

Die Schöne

아무리 가까운 사이라도 사람들 사이에는 심연이 있다. 이 심연 위에 다리 하나 임시로 놓여 있지만 이 다리를 건널 수 있는 것은 사랑뿐이다.

크눌프 Knulp

Also sprach Hesse

그는 사랑을 하면서 자신을 발견했다. 하지만 대부분의 사람들은 사랑하면서 자신을 잃어버린다.

데미안 Demian

Also sprach Hesse

별을 사랑하게 된 청년은 바닷가에 서서 두 손을 뻗고 별을 향해 기도했고, 별을 꿈꾸고, 별에게로 자신의 생각을 보냈다. 하지만 그는 별이 인간의 포옹을 받을 수 없다는 것을 잘 알았다. 아니 안다고 믿었다. 그는 실현 불가능함에도 별을 사랑했고, 이를 자신의 운명이라 여겼다. 그는 이런 생각을 하며 체념했고 말없이 정절을 지키며 고통받는 삶을 다루는 시를 지었다. 자신을 변화시키고 깨끗이 해주기를 바라면서 말이다. 하지만 그의 꿈은 모조리 별을 향하고 있었다. 한번은 다시 밤에 바닷가 높은 낭떠러지 위해 서서 별을 바라보며 별을 향한 사랑을 불태우고 있었다. 그리움이 한없이 커진 순간에 그는 별을 향해 허공으로 몸을 던졌다. 하지만 뛰어오르는 순간 번개처럼 이런 생각이 스쳐 지나갔다. 이건 안 돼! 결국 그는 해변에 떨어져 몸이 으스러지고 말았다. 그는 사랑할 줄을 몰랐던 것이다. 뛰어오르는 순간에 영혼의 힘을 다해 사랑의 실현을 믿었더라면, 그는 하늘로 날아올라 별과 하나가 되었으리라.

데미안 Demian

Also sprach Hesse

사랑할 수 있다는 것, 이게 바로 구원 아닌가!

클링조어의 마지막 여름 Klingsors letzter Sommer

Also sprach Hesse

자신을 사랑하지 않으면 이웃 사랑은 불가능하다. 자신을 증오해도 마찬가지이다. 자신을 증오하는 것은 삭막한 이기주의와 마찬가지로 끔찍한 고립과 절망을 초래한다.

황야의 이리 Der Steppenwolf

행복은 다름 아닌 사랑이다. 사랑할 수 있는 사람은 행복하다.

유고 산문집 Prosa und Feuilletons aus dem Nachlaß

Also sprach Hesse

행운은 이성, 도덕과는 상관없다. 그것은 본질적으로 신비한 것이며 인류의 유년기에 속하는 것이다. 요정의 선물을 받거나 신의 은총을 받은 행운아는 이성적인 고찰의 대상이 될 수 없다. 이런 인물은 상징적인 존재로 인격과 역사적인 것과는 아무 상관이 없다. 그럼에도 인생에서 '행운'을 빼고는 생각할 수 없는 뛰어난 인물들이 있다. 이들은 자신들의 존재와 자신들에게 알맞은 과업이 역사적으로나 전기적으로 서로 잘 맞아떨어져, 너무 이르지도 늦지도 않게 시대를 잘 타고 태어난 사람들이다.

유리알 유희 Das Glasperlenspiel

한순간을 위해 자신을 내던질 수 있는 것, 한 여자의 미소를 얻기 위해 몇 년을 희생하는 것, 이것이 바로 행복이다.

이 세상에 Diesseits

Also sprach Hesse

친근한 길들이 만나는 곳에서는 온 세상이 잠시 고향처럼 보인다.

데미안 Demian

Also sprach Hesse

시간을 금처럼 취급하는 태도, 최대한 많이, 최대한 빨리를 외치는 태도야말로 생활의 즐거움을 망치는 가장 위험한 적이다. 이런 태도로 인해 쾌락은 늘어날지는 몰라도 생활의 즐거움은 점점 줄어든다.

그림책 Bilderbuch

Also sprach Hesse

난 돌멩이를 사랑할 수 있다. 나무 한 그루, 나무껍질조차도 사랑할 수 있다. 우리는 사물인 이것들을 사랑할 수 있다. 그러나 나는 말(言)은 사랑할 수 없다. 그렇기에 말로 하는 가르침은 나에게 아무 소용이 없다. 가르침에는 단단함도, 부드러움도, 색깔도, 냄새도, 맛도 없다. 말 외에 다른 어떤 것도 없다. 당신 마음에 평화가 없는 것은 바로 이 가르침이라는 무수한 말들 때문일지도 모른다. 해탈과 미덕, 윤회와 열반이라는 것은 순전한 말에 지나지 않는다. 우리가 열반이라고 말하는 것은 존재하지 않는다. 열반이라는 말만 존재할 뿐이다. (…) 나는 사상도 별로 중요하게 생각하지 않는다. 사물들을 더 중요하게 생각한다. 예를 들어 여기 이 나룻배에 있던 한 사람, 나의 전임자이자 스승이었던 사람은 오랜 세월 단순히 강만을 믿었을 뿐, 어느 것도 믿지 않고 살아왔다. 그는 강물 소리가 자신에게 무슨 이야기를 하는지 알아들었으며 그 소리로부터 깨달음을 얻었다. 강물 소리가 그를 가르쳤던 것이다. 그는 강을 신처럼 여겼다. 그는 오랫동안 바람,

구름, 새, 딱정벌레 들도 강물과 똑같이 많은 것을 알고 있고, 그들이 많은 것을 가르쳐줄 수 있다는 사실을 모르고 지냈다. 하지만 이 성자는 숲 속으로 들어갈 때 모든 것을 알게 되었다. 그는 스승도 책도 없이 당신과 나보다 더 많은 것을 알게 된 것이다. 그런 데에는 오직 그가 강을 믿었기 때문이다. (…) 그렇기에 나는 그 사물들을 사랑할 수 있다. 당신은 이 같은 가르침에 대해 비웃을지 모르지만 이것도 분명한 가르침이다. 나에게 사랑은 그 무엇보다 중요하다. 이 세상을 꿰뚫어보고 경멸하는 일은 어쩌면 위대한 사상가들의 일일지 모른다. 하지만 나에게는 이 세상을 사랑하고 나 자신을 미워하지 않으며 이 세상과 나를 포함한 모든 존재를 사랑과 경탄과 경외심으로 바라보는 일, 오직 이것만이 중요할 뿐이다.

싯다르타 Siddhartha

Also sprach Hesse

간절히 원하면 이루어진다.

데미안 Demian

Also sprach Hesse

불행은 있는 그대로 받아들인다면, 행복으로 변한다.

후기 산문집 Späte Prosa

Also sprach Hesse

예수가 가르친 것이든, 괴테가 말한 것이든 세상 사람들은 사랑의 계율을 제대로 이해하지 못했다. 그것은 법칙이 아니었다. 사랑에 법칙이란 없다. 법칙은 진리를 잘못 이해한 것이다. 모든 진리의 근원은, 행복은 오직 사랑을 통해서만 나온다는 데 있다. 내가 지금 "너의 이웃을 사랑하라!"고 말한다면 그것 자체가 이미 허위적인 가르침이다. 그보다는 "너의 이웃을 사랑하는 것처럼 너 자신을 사랑하라"는 것이 훨씬 옳은 말일 것이다. 이웃에게 사랑의 출발점을 두려 한 것이 잘못의 시작이었는지도 모른다.

개성 Eigensinn

사랑의 기쁨은 순간이지만, 사랑의 상처는 죽을 때까지 남는다.

후기 산문집 Späte Prosa

Also sprach Hesse

사람이 가장 사랑할 수 있는 것은 자기 자신이다. 또 가장 두려워할 수 있는 것도 자기 자신이다. 그런데 원시인들의 신화나 계율 그리고 종교와 더불어, 이처럼 우리 삶의 바탕을 이루는 자기애를 금지시키거나 감추고 위장하는 허위적 감정 전이가 생기게 되었다. 이제 남을 사랑하는 것이 자신을 사랑하는 것보다 더 낫고, 더 도덕적이며, 더 고상한 일이 되어버렸다. 하지만 인간의 자기애는 원초적 본능이라 이웃에 대한 사랑은 제대로 행해질 수 없었다. 때문에 이웃 사랑의 형태로 위장한 고양된 자기애가 고안되었다. 이렇게 해서 가족, 종족, 마을, 교회, 민족, 국가가 성역이 된 것이다.

개성 Eigensinn

이 세상의 모든 것을 모방하고 변조할 순 있어도 사랑만은 그렇게 할 수 없다. 사랑은 훔치거나 모방할 수도 없다. 사랑은 오로지 자신을 전부 내줄 수 있는 마음에만 깃들기 때문이다. 이것이 바로 모든 예술의 원천이다.

유고 서평집 Rezensionen aus dem Nachlaß

Also sprach Hesse

사람들은 신뢰와 사랑으로 갚으려 하기보다는 돈과 물건으로 값을 치르려고 한다.

유리알 유희 Das Glasperlenspiel

Also spricht Hesse

사랑하는 사람을 이리저리 생각하며 매듭짓는 것처럼 헛된 일은 없다. 이런 과정이야말로 온갖 것들이 등장하다가 전혀 어울리지 않은 곳에서 후렴이 고집스럽게 반복되는 민요나 군가와 다를 바 없다.

페터 카멘친트 Peter Camenzind

Also sprach Hesse

사랑으로부터 고통이 생깁니다. 하지만 그 고통에 자신을 내맡길수록 사랑은 우리를 더욱 강하게 만듭니다.

서간집 Briefe

지극히 아름다운 것은 우리에게 기쁨을 주는 동시에 슬픔과 불안을 안겨준다. (…) 아무리 아름다운 소녀라도 때가 있다. 늙으면 죽게 마련이다. 이 때문에 사람들은 아름다운 소녀를 보고 사랑하는 것이다. 만일 아름다운 것이 영원히 변하지 않는다면, 처음에는 기뻐할지 모르지만 점점 냉정한 눈으로 보게 될 것이며, 그까짓 것 늘 있는 것으로 생각하게 될 것이다. 이와 반대로 나약한 것, 천하는 것에 대해서는 기쁨만이 아니라 비애도 느끼게 된다.

크눌프 Knulp

Also sprach Hesse

아름다움의 마법은 덧없음에서 온다.

유고 서평집 Rezensionen aus dem Nachlaß

우리는 언제라도 사랑을 베풀 수 있도록 마음을 열어두어야 합니다. 사랑의 대상을 과대평가하는 데서 고통이 발생하는 것입니다.

서간집 Briefe

Also sprach Hesse

아름다움은 그것을 소유한 사람에게는 행복을 주지 않는다. 아름다움을 사랑하고 숭배할 줄 아는 사람에게만 행복을 선사한다.

유고 서평집 Rezensionen aus dem Nachlaß

Also sprach Hesse

모든 생명은 분열과 모순을 통해 풍요로워지고 꽃을 피운다. 도취의 상태를 알지 못한다면 이성과 냉철함이 무슨 소용이 있으며, 그 뒤에 죽음이 도사리고 있지 않으면 관능적 욕망이란 무슨 의미가 있단 말인가. 이성 간의 영원한 대립이 없다면 사랑이란 또 무슨 의미가 있겠는가.

나르치스와 골드문트 Narziß und Goldmund

Also sprach Hesse

너의 본성이 깊은 호수라고 상상해보라. 호수의 표면은 작다. 여기서 표면은 우리의 의식이다. 그곳은 환하고, 우리가 생각이라고 부르는 것이 진행되고 있다. 이 표면을 구성하고 있는 부분은 지극히 작지만, 제일 아름답고 제일 흥미로운 부분일지도 모른다. 물이 공기나 빛과 접촉하면서 변화되고 풍부해지기 때문이다. 표면에 있는 물 자체도 끊임없이 바뀐다. 아래에서 올라오고, 밑으로 가라앉고, 솟구쳐 올라 평평해졌다가 다시 밀려나면서 한 번쯤은 위로 올라오고 싶어한다. 이 호수의 물처럼 우리의 자아나 우리의 영혼도 수천, 수백만 개의 부분으로 이루어져 있다. 끊임없이 자라고 끊임없이 바뀌는 기억과 인상의 자산으로 이루어져 있다. 그중에서 우리의 의식이 볼 수 있는 것은 작은 표면뿐이다. 우리 영혼은 그 안에 숨겨진 훨씬 더 큰 부분은 보지 못한다. 하지만 어둠에서 작은 빛을 향해 자리를 새롭게 옮겨가고 바뀌는 영혼은 풍요롭고, 건강하며, 행복할 수 있다. 대부분의 사람들은 한 번도 밝은 표면에 이르지 못해 썩어가고 고통받고 있는 수많은 부분들을 자기 안에 지니고 있다. 이들은 썩어가면서 고통을 불러일으키기에 우리의 의식이 이들을 자꾸만 외면하고 의심하고 두려워한다. 해롭다고 판단한 것을 억누르는 것, 바로 이것이 모든 도덕의 목표이다! 하지만 해로운 것도, 유익한 것도 없다. 모든 것이 허용된다! 아니 어떤 것이든 상관없다. 각 개인은 누구나 특특한 자신만의 좋은 부분들을 지니고 있다. 이것들이 위로 올라오면 불행이 찾아올 거라고 도덕이 경고를 보낸다. 하지만 오히려 행복이 찾아올지도 모른다! 전부 위로 올라오게 해야 한다. 도덕에 복종하는 인간은 가난해질 것이다.

유그 산문집 Prosa aus dem Nachlaß

Also sprach Hesse

환상과 감정이입 능력은 사랑의 형식입니다.

서간집 Briefe

Also sprach Hesse

사랑은 간청하거나 강요해서는 안 된다. 사랑은 자기 자신 속에서 확신에 도달할 힘을 가져야 한다. 이렇게 될 때 사랑은 상대에게 이끌려 다니지 않고 상대를 이끌 수 있다.

데미안 Demian

악은 사랑이 부족한 곳에서 생깁니다.

서간집 Briefe

Also sprach Hesse

사랑은 우리의 행복을 위해 존재하지 않는다. 사랑은 우리가 고통과 인내에서 얼마나 강할 수 있는지 보여주기 위해 존재한다.

게르트루트 Gertrud

Also sprach Hesse

행복

행복을 찾고 있는 한,
당신은 행복할 만큼 성숙하지 못하다
설령 사랑스런 모든 것이 당신 것이라 해도.

잃어버린 것을 안타까워하고
목표를 정해놓고 초조해하는 한,
당신은 아직 평화가 어떤 것인지 모른다.

모든 소망을 버리고
목표도 욕망도 잊고
행복이라는 말을 더 이상 입에 담지 않을 때,

당신 마음에 더 이상 세상사의 물결이 닿지 않고
비로소 영혼은 안식을 찾는다.

Glück

Also sprach Hesse

낙원에서 쫓겨난 뒤에야 그곳이 낙원이었다는 것을 깨닫는다.

유고 서평집 Rezensionen aus dem Nachlaß

Also sprach Hesse

사랑에 빠진 젊은이가 절망적인 사랑을 했다. 그는 완전히 자기 영혼 속으로 물러나서 사랑으로 인해 자기가 타버린다고 믿었다. 그에게 세상은 사라졌고, 푸른 하늘과 초록 숲도 보이지 않았고, 시냇물도 졸졸 흐르지 않았으며, 하프 소리도 들리지 않았다. 모든 게 사라져버렸고, 그는 가난하고 비참해졌다. 하지만 그의 사랑은 커갔다. 그는 사랑하는 아름다운 여인을 포기하느니 차라리 죽어서 썩어버리기를 원했다. 하지만 그는 자신의 사랑이 내면에서 다른 모든 것을 태워버렸음을 알았다. 사랑은 더욱 자라 끌어당기고 또 끌어당겼으며 아름다운 여인은 따라가지 않을 수 없었다. 그녀가 오자 그는 두 팔을 활짝 벌려 그녀를 자기에게로 끌어당겼다. 하지만 그녀가 그의 앞에 섰을 때 그녀의 모습은 완전히 달라져 있었다. 그는 잃어버린 세계 전체를 자신에게로 끌어당겨 놓았음을 깨달았다. 그녀는 그에게 자신을 맡겼다. 하늘과 숲과 시내, 모든 것이 새로운 색깔을 입고 신선하고도 장엄하게 그에게로 와서 그의 것이 되었고 그의 언어로 말했다. 그는 단순히 한 여인만을 얻은 것이 아니라 전 세계를 얻었다. 하늘의 모든 별이 그의 안에서 빛나며 그의 영혼을 통해 기쁨을 발산했다.

데미안 Demian

Also sprach Hesse

다른 이유로 핑계를 대지만, 우리가 살아가면서 하는 대부분의 일은 여자 때문이다.

후기 산문집 Späte Prosa

나의 행복보다는 상대방의 행복이 더 중요하다는 사실을 배워야 한다.

후기 소문집 Späte Prosa

Also sprach Hesse

인생의 의미는 오직 사랑이라 할 수 있습니다. 우리가 사랑하고 희생할 줄 안다면 그만큼 우리 삶도 보람차게 됩니다.

서간집 Briefe

Also sprach Hesse

정작 행복을 소유하는 동안은 그것을 느끼지 못한다.

기념문집 Gedenkblätter

Also sprach Hesse

사랑은 사고파는 것이 아니다. 돈으로는 향락을 취할 수는 있으나 사랑은 얻을 수 없다.

후기 산문집 Späte Prosa

Also sprach Hesse

당신은 정말 행복한가

나는 정말 행복한가? 문득 이런 질문이 비눗방울이 피어오르듯 떠올랐다.

물론 난 행복하다. 아니, 가만히 생각해보면 실제로는 그렇게 행복한 것 같지 않다. 곰곰이 생각해보면 행복에 대해 말해서도 안 되는 것 같다. 행복은 아무것도 아니다. 어쩌면 한마디로 난센스인지도 모른다. 행복은 다른 것들에 의해 좌우되기 때문이다. 여러 가지 생각들이 떠오른다. 가장 기뻤던 날들은 언제였을까? 나는 가장 행복했던 순간이 언제였는지 궁금해졌다.

가장 기뻤던 날! 웃음이 절로 나온다. 순수하고 멋진 순간, 소중한 순간들이 내 기억 속에 간직되어 있다. 열 가지, 백 가지, 아니 그보다 훨씬 더 많은 순간들. 각기 나름대로 아름답고 그 어떤 것과도 비교할 수 없을 정도로 즐거운 순간들이다.

수많은 기억들이 끝없이 떠올랐다. 얼마나 많은 햇살들이 내 몸을 따뜻하게 데워주고, 얼마나 많은 강물들이 나를 시원하게 해주었던가. 또 얼마나 많은 길들이 나를 인도해주었고, 많은 시냇물이

◆

내 곁을 흘러갔던가! 나는 파란 하늘을 얼마나 자주 올려다보았고, 도저히 잊을 수 없는 생동감 넘치고 사랑스러운 인간의 눈동자를 얼마나 자주 보아왔던가! 또 얼마나 많은 동물들을 좋아했던가! 이러한 순간들 중 그 어떤 것도 아름답지 않은 것이 없다. 내가 찻잔을 천천히 비우고 음악을 감상하며 사랑스런 기억을 되새기는 지금 이 순간도 결코 나쁘다고 말할 수는 없다.

그렇다! 나는 계속 꿈을 꾼다. 아, 저 기억의 바다로부터 다른 모습들이 떠오른다. 고통의 시간, 비애의 나날, 부끄러움, 후회, 실패한 순간들, 죽음의 공포를 느꼈던 시간들이. 첫사랑의 배신에 고통스러워 몸부림치던 날도 생각난다. 어느 날 누군가 내게 찾아와 고향에 계신 어머니가 돌아가셨다는 슬픈 소식을 전해주던 날, 절친한 친구가 나를 혹독하게 비판하던 그 밤, 열정 어린 작업으로 작품들은 많아졌지만 끼니를 때울 돈이 없어 난감해하던 날, 사랑하는 친구가 고통스러워 절망하는데도 그저 옆에서 바라보기만 할 뿐 도와주지도 위로해주지도 못한 채 고통을 줄여주지도 못했던 그 수많은 시간들이 떠오른다.

나보다 돈과 권력이 많았던 사람들이 나를 업신여기며 대할 때, 움켜쥔 주먹을 숨기며 참아야 했던 순간들, 모임에 참석해 낡은 양복의 꿰맨 부분을 손으로 가리려고 했던 일, 잠 못 이루던 밤과 마음속에 슬픔이 가득 찼지만 애써 태연한 체했던 시간들, 사랑에 절망했던 순간들, 어느 것도 믿을 수 없었던 참담한 순간들, 시작한 일이 또다시 실패로 끝나 자책했던 순간들.

이것들이 다가 아니다. 하지만 이 순간들 중 어떤 것을 기억 속에서 지워버리고, 어떤 것을 잊어버리고, 또 어떤 것을 새롭게 되새겨야 하나? 그 어떤 것도 그렇게 할 수 없다. 아무리 괴로웠던 순간일지라도 그렇게는 할 수 없다.

나는 꿈을 꾸듯 떠올랐던 수많은 순간들을 되돌아본다. 그토록 많은 낮과 밤, 그 많은 시간들, 그 많은 밤들. 이 모든 것을 합쳐도 아직 내 삶의 십 분의 일도 안 된다. 다른 것들은 어디에 있을까? 수천 번의 낮과 수천 번의 밤, 수백만 번의 순간들은 흔적도

◆

없이 어디로 갔을까? 모두 사라져버렸다. 영영.
그리고 오늘 저녁은 어떻게 될까? 이 순간은? 언젠가 다시 내 마음속에 떠올라 지나간 순간을 생생하게 보여줄 수 있을까? 그럴 것 같지 않다. 내일 아니 모레쯤이면 잊혀 지난 과거가 되어 다시는 돌아오지 않을 것 같다. 내가 오늘 조금이라도 앞으로 나아가려고 노력하지 않는다면 내일이나 모레쯤 오늘의 이 순간도 기억하지 못하는 다른 숱한 날들처럼 심연을 알 수 없는 나락 속으로 사라져버릴 것이다.
악마의 손이 닿은 어떤 운명의 격렬하고 일방적인 열정으로 물불을 가리지 않는 삶을, 온몸은 불덩이가 된 채 불같이 일어나는 폭풍 같은 삶을 한 번도 살아보지 않은 사람은 모든 예술 중의 가장 으뜸인 기억의 예술을 연습하는 것이 좋다. 즐기는 힘과 기억하는 힘은 서로 의존한다. 즐긴다는 것은 열매로부터 달콤함을 남김없이 빼앗는 것이다. 그리고 기억한다는 것은 언젠가 한 번 즐겼던 것을 항상 마음속에서 새롭게 되새기는 것이다. 우리는 누구느 이런 과정을 무의식적으로 행한다. 사람들은 저마다 어린 시절을 그리워한다. 하지만 어린 시절의 자질구레한 일들을 기억하는 것이 아니라, 환상으로 변해버린 추억들을 마음속의 푸른 하늘에 황홀하게 펼치는 것이다.

이미 지난날들의 즐거움을 되새기는 것은 그 맛을 다시 음미하는 일일 뿐만 아니라 누구에게나 행복의 상징, 동경의 대상 그리고 낙원으로 승화된 것들을 항상 새롭게 즐기도록 가르쳐준다. 짧은 순간에 수없이 많은 삶의 기쁨과 따뜻한 온기, 그리그 눈부신 광채를 느낄 수 있는 사람은 새롭게 펼쳐지는 날마다 주어지는 선물을 가장 순수하게 받아들이고자 할 것이다. 이러한 자들은 아픔 역시도 담담하게 받아들일 것이다. 암울했던 날에 대한 기억도 아름답고 성스러운 기억의 일부가 되리라는 것을 알기 때문이다.

후기 신문집 Späte Prosa

독서의 기술

책은
너 자신에게로
돌아가게 한다

Das Buch führt dich zurück zu dir selbst.

Also sprach Hesse

책

이 세상의 어떤 책도
너에게 행복을 주지는 못한다.
그러나 책은 살며시 너를 일깨워
너 자신에게로 돌아가게 한다.

거기에는 네가 필요한 모든 것이 있다.
해와 달과 별,
네가 찾고 있는 빛은
너 자신 속에 깃들어 있으니까.

당신이 책에서
오래도록 찾고 있던 지혜가
지금 모든 책장에서 반짝이고 있다.
이제 그 지혜는 네 것이다.

Bücher

Also sprach Hesse

요즘 최고 인기 작가의 최신작을 모른다고 창피해하는 사람이 많다. '옛날 책'을 고물 취급하는 이들은, 요즘 인기몰이를 하고 있는 최신작이 옛것을 얼른 데워 다시 식탁에 내놓은 음식이라는 걸 전혀 모른다.

유고 서평집 Rezensionen aus dem Nachlaß

Also sprach Hesse

사랑이 없는 독서, 경외심이 없는 지식, 가슴이 없는 교양은 정신에 대한 가장 나쁜 죄악 중의 하나다.

둔학평론 1 Schriften zur Literatur 1

Also sprach Hesse

감정을 일깨울 수 있는 책, 작가가 말하는 것이 아니라 사물 스스로 말하는 책은 수천 권의 책 중에서 두 권도 채 되지 않는다.

문학평론 1 Schriften zur Literatur 1

Also sprach Hesse

한 권의 책을 읽는다는 것은, 타인의 존재와 사고방식을 이해하고자 노력하고 그 책을 친구로 삼는 것을 뜻한다. 특히 문학작품을 읽을 때는 몇몇 인물과 사건만 알게 되는 것이 아니라 세상을 바라보고 살아가는 작가의 방식과 기질, 내면의 풍경, 나아가 작풍이나 예술적 기법, 사고와 언어의 리듬까지 접하게 된다. 한 권의 책에 매료되어 작가를 알고 이해하기 시작해 그와 모종의 관계를 맺을 때야 비로소 그 책은 진정한 영향력을 발휘한다. 이런 경험을 하는 사람은 책을 읽고 나서 한쪽에 내팽개치지 않고 그 책을 소중히 간직한다. (…) 그렇게 책을 사는 사람, 그 느낌과 정신에 마음이 움직여 책을 구입하는 사람이라면, 무분별하게 이것저것 읽기보다는 자기 마음에 와 닿는 책들, 깨달음과 기쁨을 안겨주는 작품들을 가려 읽고 책을 소장할 것이다. 이런 사람을 어디 손에 잡히는 대로 마구잡이로 읽어대는 독자와 비교할 수 있겠는가.

문학평론 1 Schriften zur Literatur 1

Also sprach Hesse

책을 통한 자아 도야와 정신적 성숙을 이루고자 하는 데는 오직 하나의 원칙과 길이 있다. 그것은 읽는 글에 대한 경의, 이해하고자 하는 인내, 수용하고 경청하려는 겸손함이다. 그저 시간이나 때우려고 읽는 사람은 아무리 좋은 책을 많이 읽더라도 돌아서면 곧 잊어버리니, 그의 정신은 책을 읽기 전이나 후나 여전히 빈곤할 것이다. 하지만 친구의 이야기에 귀를 기울이듯 책을 읽는 사람에게 책은 온전히 그의 것이 될 것이다. 그럼으로써 그가 읽는 것은 흘러가거나 소실되지 않고, 그의 곁에 남아 그의 일부가 되어, 깊은 우정만이 줄 수 있는 기쁨과 위로를 전해줄 것이다.

문학평론 1 Schriften zur Literatur 1

Also sprach Hesse

훌륭한 독자는 독서가 낯선 사람의 성격과 사고방식을 알아가는 것과 같다는 사실을 잘 안다. 따라서 훌륭한 독자는 책을 이해해 자신의 친구로 삼으려고 노력한다.

문학평론 1 Schriften zur Literatur 1

Also sprach Hesse

진실한 독자 한 사람이 어설픈 독자 수십만 명보다 훨씬 낫다. 독재자나 정복자들의 업적과 승리는 모두 양적인 면에 치중했기 때문에 오래가지 못했다.

서간집 Briefe

Also sprach Hesse

책은 자기 일을 스스로 처리하는 데 능숙하지 못한 사람을 타인의 지휘 아래 더 매이게 하는 수단이 아니다. 그리고 생활 능력이 없는 사람에게 싼값으로 거짓과 보상의 삶을 주는 것은 더더욱 아니다. 책은 인생에서 낙오된 사람들이 삶에 눈을 돌려 열심히 일해서 인생의 보람을 느낄 때 그 가치가 더욱 빛난다. 만일 책을 읽으면서 마음속에 타오르는 정열이나 젊어지는 느낌, 새롭고 신선한 숨결이 느껴지지 않는다면 그 시간은 모두 헛된 것이다.

문학평론 1 Schriften zur Literatur 1

Also sprach Hesse

약간 부풀려 얘기해볼까? 내 작업의 가치는 그것이 내게 주는 즐거움의 정도에 따라 좌우됩니다. 작품의 효과는 의도했거나 미리 생각해두었거나 차근차근 쌓아올린 것이 아닙니다. 몸짓이자, 멋진 아이디어, 순간적인 마술입니다. 모차르트의 오페라에서 작품의 줄거리나 도덕이 중요하지 않은 것과 마찬가지이지요. 여러 가지 음악적인 주제를 진행하고 변화시키는 몸짓, 멜로디, 생동감과 매력이 작품의 가치를 결정하는 것입니다.

서간집 Briefe

Also sprach Hesse

유토피아는 그것의 실현을 위해 존재하지 않는다. 얻기 힘든 것, 애타게 갈망하는 것의 가능성을 토론하기 위해, 이 가능성에 대한 믿음을 강화하기 위해 존재한다.

신독일서 Neue deutsche Bücher

Also sprach Hesse

『화가 놀텐』을 다시 읽으며

나는 다시 당신의 문을 두드리고
사랑하는 정원으로 걸음을 옮긴다.
거기서 젊은 날에 사랑했던 꽃향기를
섬세해진 감각으로 다시 마신다.

청춘 시절, 흠뻑 빠져들었던
감격의 향기가 전해오지만
나의 사랑하는 문학의 진정한 가치를
지금처럼 깊이 느낀 적은 없었다.

서늘한 동굴로부터 활짝 핀 꽃의 열기와
달콤한 열정이 향기로운 노래를 내 마음속으로 보내준다.
그리고 언젠가 나를 아프게 했던 것이 성스럽게 여겨진다.
문학이 손짓하고, 고뇌는 미소 짓는 법을 배운다.

Beim Wiederlesen des Maler Nolten

Also sprach Hesse

숨어 있는 낭떠러지를 드러내어 경각심을 일깨우는 것, 그것이 책의 임무이다.

문학평론 2 Schriften zur Literatur 2

Also sprach Hesse

낡은 이데올로기를 변호하는 사람들만큼 형편없는 글을 쓰는 사람은 없다.

황야의 이리 Der Steppenwolf

Also sprach Hesse

'백 퍼센트 감정에서 우러나온' 시를 쓴다는 것은 환상에 불과합니다. 시를 쓰기 위해서는 형식, 언어, 운율, 단어 선택 등이 필요하며, 이 모든 것들은 '감정'이 아닌 '이성'에서 비롯됩니다. 별볼일 없는 시인들은 형식을 무의식적으로 선택합니다. 다시 말해 기억에서 나온 시의 형식을 모방하는 것이지요. 그래 놓고도 자신이 무슨 일을 하고 있는지 모르기 때문에 상황을 전혀 변화시키지 못합니다. 핀다로스에서 릴케에 이르기까지 대가들의 서정시를 보면 '백 퍼센트 감정에서 우러나온' 것은 하나도 없습니다. 혹여 그들이 그렇지 않다고 말하더라도 실은 엄청난 선별 작업과 고도의 집중, 기존 법칙과 형식 탈피를 위한 고통스러운 검토가 있었습니다. '감정으로' 편지나 수필은 쓸 수 있지만, 시는 쓸 수 없습니다.

서간집 Briefe

Also sprach Hesse

예술과 문학에 대한 고민과 토론이 스포츠로 전락해버렸다. 예술을 비판적으로 분석해서 정복하겠다는 욕망 때문에 헌신하고 관조하고 조용히 귀 기울일 줄 아는 원초적 능력이 심하게 훼손되었다. 시나 소설에서 사상이나 경향, 교육적이거나 건설적인 요소를 억지로 캐내고서 그것에 만족한다면 예술의 비밀, 즉 예술의 진정한 본질은 끝내 놓치고 만다.

문학평론 1 Schriften zur Literatur 1

Also sprach Hesse

지적인 독자를 만나는 순간, 문학은 그 신선함과 활기가 확 피어오릅니다. 시인의 개성과 이미지 세계가 독자의 인격과 연상 세계와 결합되고 뒤섞이는 것이지요. 나는 내 작품을 평해주는 사람들한테서 내가 글을 쓰면서 전혀 생각하지 못했던 해석을 만나곤 합니다. 그런데도 그 해석은 백 퍼센트 맞는 것이 됩니다.

서간집 Briefe

Also sprach Hesse

일생 동안 몇 권밖에 책을 읽지 않았는데 진정한 독자다운 사람이 있다. 반면에 책이란 책은 다 집어삼키고 어떤 주제에 대해서든 주절거릴 수 있으면서도 그 모든 노력이 헛된 사람도 있다. 교양이란 교양의 대상을, 다시 말해 개인의 인격과 개성을 전제로 하기 때문이다. 인격과 개성이 없어서 교양이 열매를 맺지 못하고 공허해질 때, 지식으로는 남을지는 몰라도 거기에 사랑과 생명은 생겨날 수가 없다.

문학평론 1 Schriften zur Literatur 1

Also sprach Hesse

교과서나 개론서 그리고 철학사는 읽지 않아도 좋다. 우리에게 더 많은 가르침을 주는 것은 독창적인 사상가의 책이다. 이런 책이야말로 스스로 생각하도록 이끌며 의식을 일깨워주기 때문이다.

문학평론 2 Schriften zur Literatur 2

Also sprach Hesse

시에 대한 감각이 없는 사람은 좋은 산문을 읽어도 언어의 아름다움이 지닌 섬세한 가치와 매력을 알아보지 못한다.

유고 서평집 Rezensionen aus dem Nachlaß

Also sprach Hesse

아무 생각 없이 산만하게 책을 읽는 것은 아름다운 풍경 속을 눈 감고 거니는 것과 같다. 우리 자신과 일상생활을 잊기 위함이 아닌, 인생을 좀 더 깨인 의식과 성숙한 태도로 다시 살아가기 위해 책을 읽어야 한다. 엄격한 교사에게 호출당한 겁먹은 학생이나 소주병을 찾는 노숙자처럼 책을 대해서는 안 된다. 도망자나 삶의 의지가 없는 사람이 아니라 알프스에 오르는 산악인이나 무기 고에 가는 전사처럼 책을 대해야 한다.

문학평론 1 Schriften zur Literatur 1

Also sprach Hesse

책을 읽을 때 거기서 우러나오는 미묘한 느낌과 여러 생각들을 떠올릴 줄 아는 사람은, 모든 사상과 문학을 그 유일무이함, 개성, 국한된 조건 상태에서 보게 된다. 그리고 모든 아름다움과 매력이 곧 이 개성과 유일무이함에 바탕을 두고 있음을 깨닫게 된다. 아울러 우리는 여러 민족의 수천 가지 소리가 어떻게 같은 목표를 향해 노력하는지를 알게 된다. 다른 이름으로 같은 신들을 찾고, 같은 꿈을 꾸고, 같은 고통을 겪는지 더 똑똑히 알게 된다. 그러면서 수천 년 된, 수없이 많은 언어와 책으로 얽힌 장엄하고 초현실적인 환영이 독자를 순간순간 환한 빛으로 비추어준다. 그때 비로소 여러 가지 모순된 특성에서 하나로 만들어진 인간의 모습이 드러나는 것이다.

문학평론 1 Schriften zur Literatur 1

Also sprach Hesse

독서는 다른 향락과 마찬가지다. 사랑과 열의를 다할수록, 즐거움은 크고 오러 지속된다.

문학평론 1 Schriften zur Literatur 1

Also sprach Hesse

교양(자의식 또는 개성)이 높은 사람일수록, 자기와 맞지 않는 것은 빠르고 확실하게 골라내고, 자기와 맞는 것은 더 철저하게 붙잡는다.

유고 서평집 Rezensionen aus dem Nachlaß

Also sprach Hesse

괴테의 『파우스트』 제2부의 의미를 밝히고자 수많은 학자들과 애독자들이 고심한 지 어느새 백 년의 시간이 흘렀다. 그들이 내놓은 해석들은 놀랍도록 멋진 것에서부터 꽤나 황당무계한 것까지, 심오한 것에서 진부한 것까지 참으로 분분하다. 그러나 모든 문학작품마다 겉으로 드러난 그 이면에 뭐라 이름 붙일 수 없는 다의성이 은밀히 감춰져 있다. 현대 심리학은 이를 가리켜 '상징의 중층 결정성'이라고 하지 않았던가? 당신이 말로 다 풀어낼 수 없는 이 무한한 충만함을 단 한 번만이라도 맛보지 않고서, 어떤 작가와 사상가를 대하든지 간에 그들을 편협한 이해로 가두지 않는다고 그 누가 장담할 수 있겠는가. 일부분에 불과한 것을 전체로 받아들이거나, 장님이 코끼리 만지듯 턱없이 부족한 해석을 곧이곧대로 믿을 것이다.

은학평론 1 Schriften zur Literatur 1

Also sprach Hesse

어느 편집부에서 온 편지

"귀하의 감동적인 시에 대해 정말 감사드립니다.
옥고는 우리에게 깊은 인상을 주었습니다.
그러나 본지에는 맞지 않음을
심히 유감스럽게 생각합니다."

어느 편집부에서 이런 내용의 편지를 거의 매일 보내온다.
잡지마다 꽁무니를 뺀다.
가을 냄새가 난다. 그리고 이 갈 길을 잃은 아들은
어느 곳에도 고향이 없음을 분명히 깨닫는다.

봐줄 이 없는 혼자만을 위한 시를 써서,
머리맡 탁자에 놓인 등불에게 읽어준다.
등불도 귀를 기울이지 않을 것이다.
그러나 말없이 빛은 보내준다. 그것만으로도 족하다.

Brief von der Redaktion

Also sprach Hesse

책이 펼치는 영원한 세계에 어느 정도 익숙해진 사람은 책 내용뿐만 아니라 책과도 새로운 관계를 맺게 될 것이다. 요즘 책에 대한 사랑을 우습고 시시하게 여기는 젊은이들이 눈에 띄게 늘고 있다. 그들은 책과 더불어 살기에는 인생이 너무나 짧고 소중하다고 생각하면서도, 일주일 내내 카페에서 음악과 춤으로 보내는 시간은 아까워하지 않는다.

유고 서평집 Rezensionen aus dem Nachlaß

Also sprach Hesse

자신을 의심할 줄 모르는 평범한 사람들 중에서 열정적인 사람은 열정을, 재치 있는 사람은 재치를, 선량한 사람은 선량함을 시인으로부터 좋아하게 된다. 하지만 균형이 제대로 잡히지 않은 독자들에겐 반대의 경우가 발생하는 일이 많다. 몹시 지적인 사람은 단순한 감성을, 자제력이 없는 사람은 절제된 냉정함을 갈망한다.

문학평론 1 Schriften zur Literatur 1

Also sprach Hesse

가진 책이라고는 성경밖에 없고, 아는 척도 성경뿐인 시골 여자들이 사치스런 부자가 값비싼 서재에서 얻을 수 있는 것보다 더 많은 지식과 위안과 기쁨을 성경에서 얻는 경우가 있다.

문학평론 1 Schriften zur Literatur 1

Also sprach Hesse

위대한 작가의 작품은 돼지 앞에 놓인 진주처럼 대중에겐 걸맞지 않다는 말을 듣게 되는데 그것은 허튼소리다. 위대한 문학이 순박한 사람들에게 미칠 수 있는 악영향은 누구나 접할 수 있는 신문이나 심지어 성경의 악영향에 비해 절반도 되지 않는다.

문학평론 1 Schriften zur Literatur 1

Also sprach Hesse

좋은 책과 좋은 취미의 적은 책을 무시하는 사람이 아니라 아무 책이나 마구 읽는 사람이다.

문학평론 1 Schriften zur Literatur 1

Also sprach Hesse

멋진 책에 빠져드는 것은 이 세상의 어떤 장관이나 왕이 몇 년에 걸쳐 해낸 일보다 더 훌륭하고 현명하며 가치 있는 일이다. 그들이 파괴할 때 나는 건설하고, 그들이 흩어놓을 때 나는 모으고, 그들이 신을 부인하거나 십자가에 못 박을 때 나는 신을 사랑한다.

문학평론 2 Schriften zur Literatur 2

Also sprach Hesse

정신적으로 활력이 있는 것을 죽이는 것보다 죽은 것을 다시 살리는 일이 더 어렵다.

보카치오 Boccaccio

Also sprach Hesse

나는 문학에서 신념이나 계몽을 찾는 것은 완전히 잘못된 태도라고 생각합니다. 이에 관한 것은 비문학적인 책에서 훨씬 더 잘 배울 수 있습니다.

서간집 Briefe

Also sprach Hesse

정평이 난 옛 문학작품을 새롭게 출간하는 일은 사상가들의 세계와 시대에 대한 해석 못지않게 중요하다. 한 세대가 정신 유산을 관리하는 방법은 문화가 갖는 가장 중요한 특징 중의 하나다.

유고 서평집 Rezensionen aus dem Nachlaß

Also sprach Hesse

『7월』과 『청춘은 아름다워라』를 다시 읽으며

상상할 수 없을 만큼 낯설고 멀게
청춘의 고향이 손짓한다.
그 태양들, 그 별들이
내 길에서 이제는 더 이상 빛나지 않는다.
그 기쁨과 괴로움은
이제 노래와 전설이 되었고,
그 이름과 몸짓은
바람결에 날리는 나뭇잎일 뿐.
그러나 여기 내 책의 행간에
그것들은 하나의 이미지로 굳은 채,
충실하게 기다리며 머물러 있다.
그리고 우리의 많은 것을 앗아간
힘겨운 괴로움의 세월이 지난 지금,
그 전설은 우리가 누렸던
지난 세상을 노래한다.

문자들은 빛바래고
소리는 아득하게 들리지만,
세상은 우아한 매력을 간직한 채
영원한 현재를 누리고 있다.

                          Beim Wiederlesen der <Juli> und <Schön ist die Jugend>

Also sprach Hesse

시를 읽는 것은 모든 문학적 향유 중에서 가장 고귀하고 가장 순수하다. 오직 서정시에서만 때때로 음악에서 볼 수 있는 완벽함이 가능하며, 서정시만이 음악의 비밀인 삶과 감정으로 충만한 이상적 형식에 도달한다.

문학평론 1 Schriften zur Literatur 1

Also sprach Hesse

사람들은 왜 책과 대화할 수 없을까? 책은 사람처럼 영리하고 재미가 있다. 게다가 사람처럼 재촉하는 일도 없다.

유고 서평집 Rezensionen aus dem Nachlaß

Also sprach Hesse

소설 읽기

최근에 소설을 한 편 읽었다. 어느 정도 이름이 알려진 재능 있는 작가의 작품이었다. 평소 별로 관심이 안 가던 인물이나 사건을 다룬 작품이었는데도 활기가 느껴지는 멋진 작품이어서 흥미롭고 재밌게 읽었다. 작품 속 인물들은 도시에서 향락을 즐기며 다양한 것을 경험하면서 그들의 감흥과 정열을 불태우는 일을 하며 산다. 그들에게 그 외의 일들은 다 시시하고 해볼 가치도 없는 것들이다. 이런 종류의 소설은 이미 많이 출간되었고, 나 역시 가끔 이런 책을 읽는다. 시골에서 살다 보니 때때로 다른 사람들은 어떻게 사는지 궁금할 때가 있다. 향락을 좇아 사는 대도시인들은 같은 시대를 살고 있지만 나와는 거리가 멀고 낯설게 느껴진다. 그들의 열정이나 생각은 마치 마법처럼 신기하고 이국적이며 이해하기가 어렵다. 이런 부류의 삶에 관심을 가지는 것은 단지 유럽인들이 코끼리나 악어에 대한 장난 어린 호기심 같은 차원은 아니다. 아무리 시골구석에 틀어박혀 조용히 산다 할지라도 어느 정도 대도시의 영향을 받을 수밖에 없다. 아니, 경우에 따라서는 심한 영향을 받기도 한다! 왜냐하면 너무나 분주하고 충동적이며 종잡을 수 없는 분위기로 뒤죽박죽인 그곳에서 전쟁과 평화가 결정되고 시장과 가격이 결정되는데, 그 결정의 주체가 사람이 아니라 유행, 주식시장, 여론, '거리'이기 때문이다.

대도시인들의 '생활'은 전적으로 정치, 경제, 사회 전반에 걸쳐 이루어지며, 그들에게 감흥과 향락 추구는 최우선적 요소이다. 이런 '생활'은 시골에서 지내는 내게 낯설 뿐이다. 하지만 대도시가 결정하는 여러 가지 일들이 내 생활에도 어느 정도 중요한 의미를 갖기도 한다. 내 책의 독자들 중 대부분이 대도시인이라는 것도 잘 알고 있다. 그렇지만 나는 결코 도시 사람들을 위해 글을 쓰지 않을뿐더러 그렇게 쓸 줄조차 모른다. 나는 그저 그들을 먼 발치에서나마 알 뿐이고, 곁에서 들여다보면서 알게 된 몇 가지는 고작해야 내 지갑 사정이나 현재의 정부 형태 정도뿐이니, 거의 아는 것이 없다고 해도 무방하다.

이런 이유로 나는 대도시와 그것을 소재로 다룬 소설에 대해 어떤 가치판단을 하지 않는다. 물론 좀 더 진지하고 본받을 만한 사람들을 다루는 작품을 읽는 편이 아무래도 내 성미와 취향에 맞긴 하다. 그러나 나도 글 쓰는 사람으로서 깨달은 게 있다. 소재를 '선별'하는 작가는 진정한 작가가 아니고, 그런 책은 읽을 가치가 없다는 사실, 그리고 문학작품의 소재 자체는 결코 가치판단의 대상이 될 수 없다는 점이 그것들이다. 세계사에서 찾을 수 있는 가장 멋진 소재를 이용하고도 형편없는 문학이 나올 수도 있고, 잃어버린 바늘이나 타버린 수프처럼 정말 너무나 사소한 걸 다루고도 얼마든지 훌륭한 작품이 나올 수 있다.

나는 어떤 작가의 소설을 읽더라도 소재에 대해서는 특별한 경외심을 품지 않는다. 소재에 대한 경외심이란 작가의 몫이지 독자의 몫은 아니다. 대신 독자는 작품과 작가적 숙련도에 대해 주목해야 하며, 소재와 무관하게 작업의 질에 따라 작품을 평가해야 한다. 나는 언제나 이런 태도를 견지할 것이다. 요즘에는 그 어떤 이념이나 정서적 내용보다도 장인 정신에서 나오는 작가적 숙련도어 점점 더 후한 점수를 주게 된다. 수십 년간 글을 써오면서 이념이나 감정은 적당히 꾸미거나 모방하기 쉽지만 작가적 숙련도만큼은 그럴 수 없다는 것을 알게 되었다. 나는 이 소설의 내용을 전부 이해하지 못했고 어떤 부분에서는 의아심마저 들기도 했지만, 다른 부분에 대해서는 높이 평가하면서 동료로서의 경의를 표하면서 읽었다. 이 책의 주인공은 젊은 문인이다. 자신의 주된 수입원이 되어주는 여인들과 연애하거나 친구들과 어울리는 데 시간을 많이 쓰다 보니, 정작 작품 활동은 등한시한다. 작가는 저널리즘의 선정주의적 보도 형태와 대도시와 사회에 대해 엄청난 반감을 가지며, 그것이야말로 세상의 모든 각박함과 잔인성, 모든 착취와 전쟁의 뿌리라고 여긴다. 그러나 그의 주인공은 이런 세계에 어떤 식으로든 맞설 만큼 강인하지 못하고, 다만 취미와 애인을 끊임없이 바꾸거나 여행을 다니면서 주변부를 빙빙 돌며 회피할 뿐이다.

말하자면 이게 이 소설의 소재이다. 레스토랑이나 기차, 호텔 등을 주로 묘사하고, 저녁 식사 영수증의 금액 따위를 시시콜콜 서술하는……, 물론 이러한 것들이 흥미로울 수는 있다. 하지만 어느 대목에 이르러 나는 의아심이 들었다. 주인공이 베를린에 와서 호텔방을 잡는데 객실이 '11호'였다. 그 대목을 읽으면서 나는 (동료 작가의 입장에서 한 줄 한 줄 작가적 숙련도에 관심을 갖고 배우는 자세로 읽다 보니) '작가가 이렇게 객실 번호를 굳이 밝히는 이유가 뭘까?' 하는 생각이 들었다. 나는 이 '11'이라는 숫자에서 곧 어떤 의미가 드러날 것이라고, 여기에 어쩌면 상당히 근사하고 매혹적인 깜짝 놀랄 만한 의미가 숨어 있을지 모른다고 굳게 믿으며 읽었다. 그런데 그만 실망하고 말았다. 두세 쪽 뒤에 주인공이 밖에 나갔다가 호텔방으로 돌아오는데 갑자기 '11호'가 '12호'로 바뀌어 있는 게 아닌가! 다시 앞으로 돌아가 확인해봐도 잘못 본 게 아니었다. 앞에서는 분명히 11호였는데 뒤에서는 12호로 나온다. 이건 장난도 농담도 아니고, 무슨 대단한 반전이나 비밀이 숨겨진 것도 아니고 단순한 부주의였다. 전문가로서의 엉성함을 보여주는 작은 실수였다.

작가는 '11℃'라고 썼다가 나중에 '12'라고 써놓고는, 원고를 다시 꼼꼼히 읽어보지 않은 것이다. 분명 교정을 아예 보지 않았거나 아니면 대수롭지 않게 읽어 넘기면서 앞에 썼던 숫자에 신경을 쓰지 않았던 것이다. 물론 그런 사소한 문제쯤이야 중요한 게 아닐 수 있고, 문학이 무슨 학교도 아닌데 글자나 생각의 오류를 사사건건 지적하는 것도 지나친 일이라고 생각할 수 있다. 인생은 짧고 대도시의 삶은 워낙 바빠서 젊은 작가로서 작업 시간을 충분히 확보하기 힘들었을 수도 있다. 모두 인정한다. 그리고 무책임하게 써대는 저널리즘의 선정성이며 매사 타인에 대한 무관심과 피상성이 지배하는 대도시를 향한 작가의 반감에 대해서는 변함없이 경의를 표하는 바다! 하지만 갑자기 그 '12'라는 숫자가 나오면서부터 작가에 대한 나의 전폭적인 신뢰가 흔들렸고 느닷없이 불신이 일었다. 그때부터 나는 매우 꼼꼼히 읽기 시작했다. 숫자 '12' 같은 식의 부주의한 실수를 다른 데서도 찾아보게 되었다. 그저께만 해도 아무 의심 없이 읽었던 다른 대목에서도 찾아보았다.
그러자 별안간 그 작품 전체의 내적인 무게, 책임감, 진정성, 핵심이 날아가고 말았다. 전부 그 바보 같은 숫자 '12' 때문이다. 그러다 갑자기 이 책은 대도시인이 대도시인을 위해 그저 그날 그 순간을 위해서 쓴 책일 뿐이라는 느낌이 들었다. 대도시의 몰인정과 피상성에 대한 고민도 이 작가에게는 그리 심각하게 다룰 문제가 아니며, 마치 저널리즘 작가에게 근사한 글감이 하나 떠오른 것에 불과하다는 생각이 들었다.
곰곰이 그런 생각을 하다 보니, 수년 전에 있었던 비슷한 경험이 떠올랐다. 당시 이름이 꽤 알려진 젊은 작가가 내게 평을 해달라며 소설 한 권을 보내왔다. 프랑스 혁명기를 배경으로 한 소설이었다. 묘사된 때는 유난히 지독한 가뭄과 더위를 동반한 여름이었다. 땅이 갈라지고 농작물은 말라붙어, 푸른 줄기라고는 찾아보기 힘든 상황이었다. 그런데 몇 쪽 뒤에 가니 주인공 남자인지 여자인지가 바로 그 여름 그곳에서 풍요로운 푸른 들판에 활짝 핀 꽃들을 보며 활보하는 게 아닌가!

나는 이런 건망증과 엉성함이 작품 전체를 망가뜨렸다고 편지를 보냈다. 그런데 그는 이에 대해 진지하게 얘기하기를 꺼렸다. 이런 문제를 물고 늘어지기에는 인생은 너무 짧고, 이미 다른 작업에 접어들어, 하고 있는 일이 더 급할 뿐인 것이다. 나더러 쩨쩨한 훈장님이라며, 예술작품에서는 그런 사소한 일보다는 더 중요한 게 있다고 답장을 보내왔을 뿐이었다. 편지를 보낸 게 후회스러웠고 이후로 다시는 그런 편지를 쓰지 않았다. 그렇지만 다른 문제도 아니고, 예술작품에서 진실성과 신의, 정확성과 치밀함이 중요하지 않다니! 젊은 작가들 중에서도 이런 사소한 일을 간과하지 않고 성심을 기울여 아주 깔끔하고 치밀하게 도사할 줄 아는 이들이 있으니 얼마나 안심이 되는지! 마치 곡예사들이 혹독한 훈련과 프로다운 성실성을 통해 우아한 숙련도를 보여주듯, 그런 고상한 유희 정신을 갖춘 이들이 오늘도 여전히 있으니 다행이다.
아무튼 나는 예술가의 윤리에 관한 한 트집쟁이요, 구닥다리 돈키호테일지도 모른다. 세상 모든 책의 90퍼센트는 작가도 독자도 대충 무책임하게 쓰고 읽는 판이며, 어차피 나의 이런 투덜거림을 포함해 인쇄된 종잇장들이 모레쯤이면 몽땅 쓰레기가 될 줄을 몰라서 하는 소리냐고? 그런데도 어떻게 사소한 것을 그리 심각하게 생각하느냐고? 작가는 그저 오늘 이 순간을 위해 근사한 글을 쓰는데, 왜 그걸 마치 영원을 두고 쓴 글인 양 읽으면서 공연히 까탈을 부리느냐고?
하지만 나는 이 문제에 관한 한 내 생각을 바꿀 수 없다. 큰일은 심각하게 받아들이고 사소한 일은 진지하게 생각하지 않는 걸 당연하게 여기는 태도는 쇠퇴의 시작이다. 인류를 존중한다면서 자기가 부리는 하인을 괴롭히는 것, 조국이나 교회나 당은 신성하게 받들면서 그날그날 자기 할 일은 엉터리로 대충 해치우는 데서 모든 타락이 시작된다. 이에 대한 교육적 방안은 오직 하나뿐이다. 즉 스스로에 대해서든 타인에 대해서든 신념이나 세계관이나 애국심 같은 이른바 거창하고 신성한 모든 것은 일단 제쳐놓고, 대신 사소한 일, 당장에 맡은 일에 성심을 다하는 것이다. 자전거나 난로가 고장 나서 기술자에게 수리를 맡길 때 그에게 요구하는 것은 인류애도 애국심도 아닌 확실한 일처리일 것이요, 오로지 그에 따라 그 사람을 평가할 것이다. 이게 합당한 일이다. 그렇다면 정신의 영역이라고 해서 달라질 이유가 무엇인가? 왜 예술작품이라고 불리는 작업만큼은 정확하고 양심적이지 않아도 괜찮다는 것인가? 신념이 근사하면 '사소한' 기술적 실수 정도는 눈감아주어야 한다는 법이 어디에 있는가? 이제 판단의 기준을 바꾸었으면 한다. 사실 거창한 신념과 태도나 강령들이란 서슬이 퍼래도 막상 찬찬히 뜯어보면 종이호랑이에 불과해서 실망감을 안겨주는 일이 어디 한두 번이던가.

문학평론 1 Schriften zur Literatur 1

◊ 평화

낙원으로
향하는
문이 열려 있다

Die Tür ist offen zum Paradies.

Also sprach Hesse

평화는 존재한다. 그러나 우리 마음속에 늘 깃들어 우리를 떠나지 않는 그런 평화는 존재하지 않는다. ○ 세상에 존재하는 유일한 평화는 잠시도 마음을 늦추지 않고 끊임없이 싸워서 얻어지는 평화, 나날이 새롭게 쟁취해야만 하는 그런 평화뿐이다.

나르치스와 골드문트 Narziß und Goldmund

Also sprach Hesse

평화를 향하여

증오의 꿈과 피의 도취에서 깨어나
아직도 전쟁의 불빛과 죽음의 소음에
눈멀고 귀먹어
모든 잔인함에 익숙해 있으면서도
피로에 지친 병사들은
무기를 버리고
그 무서운 일과를 잊는다

평화라는 소리가 들려온다.
동화에서처럼, 아이들의 꿈속에서처럼
평화라는 소리가. 허나 마음은
기뻐할 수가 없다. 눈물이 앞선다.

가엾은 우리 인간들
이렇게 선도 악도 행할 능력이 있구나

짐승이자 신! 어쩌면 이렇게도 고통과
슬픔이 우리를 짓누르는 것일까!

허나 우리는 희망한다. 우리 가슴속에는
사랑의 기적에 대한 뜨거운 예감이 살아 있다.
형제여! 우리에게는 정신과
사랑을 향한 귀향의 길이 열려 있고
모든 잃어버린 낙원으로 향하는
문이 열려 있다.

원하라! 희망하라! 사랑하라!
다시 대지는 너희들의 것이다.

Dem Frieden entgegen

Also sprach Hesse

정치인들은 누구나 혁명과 이성 그리고 무기 없는 세상을 내세우지만 오직 적에게 하는 말일 뿐, 자신은 거기에서 제외시킨다.

전쟁과 평화 Krieg und Frieden

Also sprach Hesse

전쟁을 바라고 준비하면서 앞으로 평화가 찾아올 거라 막연한 약속을 남발하는 사람, 외부의 침략에 대한 심리적 두려움을 이용해 자신들의 계획에 협력하도록 유도하는 사람. 이들이야말로 우리가 살고 있는 세계와 평화를 위협하는 사람들입니다.

서간집 Briefe

Also sprach Hesse

전쟁은 이 세상을 발전시키기보다 발전을 지연시킬 뿐이다. 새로운 목표를 내세워 일시적으로 사람들을 열정에 휩싸이게 만들어 놓고, 얼마 지나지 않아 사회적 빈곤이라는 극악무도한 모습을 드러내고야 만다.

유고 서평집 Rezensionen aus dem Nachlaß

Also sprach Hesse

애국심은 개인의 자리에 커다란 집단을 앉혀놓는다. 하지만 총성이 울리기 시작할 때 애국심은 높이 평가받는다.

전쟁과 평화- Krieg und Frieden

Also sprach Hesse

유리알 유희

우주의 음악과 명인의 음악에
경건하게 귀 기울이며,
축복받은 시대의 고귀한 정신을
정결한 축제에 불러내려 하노라.

마법의 주술적 신비에 의해
우리들 드높이 고양되누나, 그 마법에
끝없는 것, 몰아치는 것, 삶 자체가
명징한 비유로 녹아 있기에.

비유들은 성좌처럼 투명하게 울리고
작용하여 우리 삶에 의미가 되네.
거룩한 중심을 향하는 것 외에
누구도 그 궤도를 벗어나지 못하리.

Das Glasperlenspiel

Also sprach Hesse

나는 애국자이기에 앞서 한 인간이고 싶다. 그러나 둘 다 될 수 없다면 난 언제라도 한 인간이 되는 것을 택하겠다.

서간집 Briefe

Also sprach Hesse

전쟁이란 청천벽력처럼 난데없이 벌어지지 않습니다. 실제 전쟁이 일어나려면 다른 인간사와 마찬가지로 동조하고 협력하는 많은 사람들이 있어야 합니다. 전쟁은 이를 이용해 이익을 보는 사람, 혹은 그 같은 세력들이 부추긴 것입니다. 그 결과, 군수 산업체의 수익이 늘어나고, 할 일 없는 장성이나 영관들이 정치적 영향력과 존경, 권력을 얻게 됩니다.

서간집 Briefe

Also sprach Hesse

왜 사람들은 이익이 기대될 경우에만 민족의 자결권을 주장하는가?

전쟁과 평화 Krieg und Frieden

Also sprach Hesse

자국민이 감당해야 할 행위, 일, 희생, 위험 들을 회피하는 권력자는 비겁자이다. 그러나 정신생활의 원칙들을 물질적 이익 때문에 배반하는 자, 다시 말해 이 곱하기 이가 무엇인지 권력자가 결정하도록 내버려두는 자는 그 이상의 비겁자, 배신자이다! 진리에 대한 지조, 지적 성실성, 정신의 법칙과 방법에 대한 충실성을 다른 이익을 위해 희생시키는 일은 비록 그것이 조국의 이익을 위한 일이라 해도 배신인 것이다. 이익과 슬로건의 싸움에서 만일 진리가 개개의 인간이나 언어, 예술, 온갖 조직과 예술적으로 높이 배양된 것들처럼 무가치해지고 왜곡되고 폭력의 위험에 처하게 된다면, 그에 대항하여 진리를 향한 노력을 우리의 지상의 신조로 알고 구하는 것만이 우리의 유일한 의무가 될 것이다.

유리알 유희 Das Glasperlenspiel

Also sprach Hesse

정치적으로 나를 비판하는 사람들의 말처럼, 나는 지금까지의 발전 과정에서 시대의 문제를 벗어나 상아탑에서 유유자적한 적은 결코 없었다. 하지만 모든 문제들 중에 하나의 인간, 다시 말해 규격화되지 않은 남다른 개인에 대한 문제는 무엇보다 내 관심을 끌었다.

문학평론 1 Schrifter zur Literatur 1

Also sprach Hesse

인간이 선을 위한 '투쟁'에 나서는 것은 이해할 수 있지만 그것이 정말 옳고 그른가 하는 판단은 유보할 수밖에 없습니다. 저는 싸움, 행동, 당파를 결코 대단하게 여기지 않습니다. 세상을 변화시키려는 모든 의지는 결국 전쟁과 폭력으로 이어지기 때문에 당파에 가담할 수 없습니다. 나는 이 세상의 불의와 악이 고쳐질 거라 생각하지 않습니다. 우리가 바꿀 수 있고 또 변화시켜야 하는 것은 바로 우리 자신입니다. 우리의 조바심, 우리의 (정신적) 이기주의, 우리가 받은 모욕, 그리고 우리에게 결여된 사랑과 관용 말입니다. 이 세상을 변화시키려는 의지는 아무리 좋은 뜻에서 나온 것이라 해도 별 도움이 되지 않습니다.

서간집 Briefe

Also sprach Hesse

불의를 행하기코다 불의에 시달리는 편이 낫습니다. 부당한 수단을 써서 원하는 것을 이루려는 것은 잘못입니다. 장성들과 정치인들은 이런 생각이 바보 같다고 비웃을지 모르지만 어쨌든 이것은 예로부터 내려온 진리임에 틀림없습니다.

서간집 Briefe

Also sprach Hesse

노동자들이 공장주를 살해하건, 러시아와 독일이 서로 총질을 하건, 바뀌는 것은 소유주뿐이다.

데미안 Demian

Also sprach Hesse

인류 역사에는 정치적인 역사와 정신적인 역사, 이 두 가지가 있다고 생각합니다. 이 두 역사에서 진보를 확인할 수 없습니다. 삼손이 블레셋 사람들을 당나귀뼈로 죽이는 일이나 히틀러가 영국에 로켓을 쏘는 것은 똑같습니다. 그리고 우파니샤드 철학에서 하이데거에 이르기까지 진보를 찾아볼 수 없습니다. 이와는 달리 이 둘의 역사에서 확연히 구분되는 점이 있습니다. 세계사의 어떤 장이든 펼쳐보면 정치적 역사는 추하고 끔찍하며 야만적인 데 반해, 언어와 사상 그리고 예술의 역사는 어느 부분이든 아름답고 사랑스러운 모습과 열매가 가득합니다.

서간집 Briefe

Also sprach Hesse

전쟁은 인류 역사가 말해주듯 끊임없이 있었다. 많은 사람들이 정신세계에서 서로 공존할 수 없는 한 전쟁은 계속 일어날 것이다. 그것도 오랫동안 일어날 것이며 앞으로 항상 있을 것이다. 하지만 언제나 전쟁의 종식은 우리의 가장 고귀한 목표가 될 것이다. 전염병 치료제를 개발하는 연구자는 새로운 전염병이 발생했다고 해서 자신의 일을 포기하지는 않는 것처럼, '지상 평화'와 선한 의지를 지닌 사람들 사이의 우정은 영원한 우리의 이상이 될 것이다. 인간의 문화는 동물적 충동을 순화하는 데서, 그리고 수치심, 상상력, 인식에 의해 생겨난다. 제아무리 삶을 예찬하는 사람이라도 어쩔 수 없이 죽을 수밖에 없는 운명이지만, 모든 예술이 궁극적으로 우리에게 주는 위안은 그럼에도 불구하고 인생은 살 만한 가치가 있다는 사실이다. 우리는 이 비참한 전쟁을 통해 사랑이 증오보다, 이해심이 분노보다, 평화가 전쟁보다 더 고귀하다는 점을 명심해야 한다.

1분 독서 Lektüre für Minuten

Also sprach Hesse

사나운 성질을 가진 동물들이 많지만, 동물들은 인간들보다도 진실합니다.

서간집 Briefe

Also sprach Hesse

단계

꽃이 시들고, 청춘이 나이에 굴복하듯이,
지혜도, 덕도, 삶의 모든 단계도
제철에 피어날 뿐, 영원히 지속될 수는 없다.
우리의 마음도 삶의 부름이 있을 때면 언제나 작별을 준비하고
새롭게 시작해야 한다. 서러워 말고 당당하게
다른 사람들과 새로운 관계를 맺어야 한다.
모든 시작에는 마력이 깃들어 있어
우리를 지켜주고 살아가도록 도와준다.

우리는 즐거운 마음으로 앞으로 앞으로 나아가야 하고,
어느 곳에서도 고향인 양 눌어붙어 있어선 안 된다.
세계정신은 우리를 속박하고 제한하려는 것이 아니라
한 단계 한 단계 높여주고 넓혀주려 한다.
어느 한곳에 뿌리내려 정들고 친숙해지는 순간,
무력감이 찾아든다.

떠날 준비가 된 자만이
우리를 마비시키는 습관에서 벗어날 수 있다.

어쩌면 죽음의 순간에서도
우리는 새로운 곳을 찾아 나설지도 모른다.
삶의 부름은 결코 끝나지 않는다……
자, 그러니 마음이여, 작별을 고하고 건강할지니!

Stufen

Also sprach Hesse

세계사에는 지배자나 지도자나 선동자나 명령자들이 너무도 많다. 그리고 모두가 거의 예외 없이 처음 시작은 번지르르하게 좋지만, 나중이 좋지 못했다. 그들은 겉으로는 좋은 일을 위해서 권력을 얻으려고 애쓰면서 나중에는 권력의 노예가 되고, 권력을 위해서 권력을 사랑하게 되었다.

후기 산문집 Späte Prosa

Also sprach Hesse

정신병원의 바깥세상도 그 안의 세상 못지않게 우스꽝스럽기는 마찬가지입니다.

서간집 Briefe

Also sprach Hesse

사람들이 당신을 완전히 이해하지 못한다거나 올바르게 평가하지 않는다는 생각을 해서는 안 된다! 당신이 먼저 다른 사람들을 이해하고, 다른 사람들을 기쁘게 하며 다른 사람들을 올바르게 평가하려고 애써야 한다.

게르트루트 Gertrud

Also sprach Hesse

어리석고 무지해서 나쁜 짓을 저지른 사람은 선을 알견서도 실행하지 않은 사람보다 죄를 덜 지은 것인지도 모른다.

베르톨트 Berthold

Also sprach Hesse

뭔가를 탐색하고 이름을 묻는 일을 유년기를 지나서도 계속한다면 많은 사람들의 삶이 얼마나 더 진지하고 순수하고 경이롭겠는가! 무지개란 무엇일까? 바람은 왜 흐느껴 우는 걸까? 풀이 시들고 꽃이 다시 피는 것은 무엇 때문이며, 비와 눈은 어디에서 오는 걸까? 왜 우리는 부유하고 이웃은 가난할까? 태양은 저녁에 어디로 가는 걸까?

유고 서평집 Rezensionen aus dem Nachlaß

Also sprach Hesse

작가를 대중 연설가로, 철학자를 장관으로 만든다고 해도 세상은 더 빨리 발전하지 않는다. 인간이 자신에게 주어진 임무를 다할 때, 다른 사람들이 자신에게 요구하는 것을 충실히 이행할 때, 세상은 발전하는 것이다.

후기 산문집 Späte Prosa

저는 결코 인류 전체가 정신적으로 획일화되는 것은 원치 않습니다. 민족적 특성이 사라지는 상태는 바람직하지 않기 때문입니다. 이 세상에는 다양성과 차이점이 존재해야 합니다! 수많은 인종과 민족, 수많은 언어 그리고 온갖 종류의 심성과 세계관이 있다는 것은 훌륭한 일입니다. 제가 전쟁과 정복과 국가의 합병을 매우 증오하며 반대하는 이유는 무엇보다도 개성과 다양성을 띠며 역사적으로 형성되어온 인류 문화가 이러한 사악한 세력의 제물이 되기 때문입니다. 저는 '획일화를 추구하는 무리들'에 적극적으로 반대하며, 고유한 자질과 다양성 그리고 독자성을 키워나가는 자들을 사랑합니다.

* 헤세는 1946년 노벨문학상을 받았지만 건강상의 이유로 시상식에는 참석하지 않고, 노벨상 수상을 기념하는 연회 때 낭독할 이 감사 연설문을 보냈다.

기념집 Gedenkblatter

Also sprach Hesse

비극과 위대함에 도취되어 한때 배낭과 기타를 매고 돌아다닌 청소년들은 익살스럽고 애교스럽게도 보였지만, 그 뒤 그들은 전쟁을 수행하고 정복과 고문에 뛰어난 사람이 되었습니다.

서간집 Briefe

Also sprach Hesse

전쟁과 평화

전쟁이란 "인간의 피에 흐르는 호전적 본능이 자연스럽게 표출된 것"이라는 주장은 의심할 여지없이 옳은 말이다. 인간이 동물인 이상, 다른 인간들을 두려워하고 증오하며 결국 투쟁 속에서 그들을 희생시키고 살아남는다. 그러므로 삶 자체가 전쟁이라고 할 수 있다.

'평화'가 무엇인지 정의하는 일은 훨씬 더 어렵다. 평화는 태초의 낙원 같은 상태도 아니며 합의를 바탕으로 더불어 살아가는 삶의 형태도 아니다. 평화란 우리가 구체적으로 알지 못하기에 추측만 가능할 뿐, 우리는 여전히 이것을 찾고 있다. 평화는 이상이다. 평화는 이루 말할 수 없이 복잡하고 불안정하며 연약하다. 평화는 바람에 흔들리는 촛불과 같다. 진정한 평화는 그 어떤 윤리적 혹은 지적 성과물보다 더 만들어내기 어려운 것이다. 그것은 서로 의지하며 살아가야 하는 두 사람 사이에서조차 마찬가지이다. 그렇지만 평화는 사상과 바람으로, 목표와 이상으로 이미 오래전부터 존재해왔다. "살인하지 말라"라는 말은 이미 수천 년 전부터 우리 삶의 토대를 이루는 강력한 계명으로 자리 잡고 있었다. 인간이 인간이라고 불리는 가장 큰 이유는 바로 이 계명, 이 엄청난 명령을 따를 능력이 있기 때문이다. 바로 이 점이 인간과 동물을 구분 짓고 인간을 '야만 상태'에서 분리시킨다.

우리는 이 강력한 계명을 들으면서 우리는 인간은 동물이 아니며, 이미 확정되어 있거나 완성되어 있지도 않고, 일회적이거나 단순하지도 않다고 생각한다. 인간이란 오히려 과정 중에 있는 존재이고 일종의 시도이자 예감이며, 미래이고, 기획이고, 새로운 형태와 가능성에 대한 동경이라고 할 수 있다. "살인하지 말라"라는 계명이 처음 등장했던 시기에 이 계명은 엄청난 요구였다. 그것은 마치 "호흡하지 말라!"라는 명령을 따르라는 것과 같았다. 그 당시에는 그러한 명령을 따르는 일은 거의 불가능하고 미친 짓이며 스스로를 파멸시키는 행위로 여겨졌음이 틀림없다. 그렇지만 이 계명은 수 세기를 지나며 살아남았고 오늘날에도 여전히 유효하다. 또한 이 계명은 법과 철학 및 도덕률을 탄생시켰고 인간에게 경외감을 갖도록 했으며 그 어떤 계명보다도 더 인간의 삶을 근본적으로 바꾸어놓았다.

"살인하지 말라"라는 계명은 교훈적인 '이타주의'가 주장하는 경직된 요구와는 거리가 멀다. 이타주의는 자연스러운 것이 아니다. '살인하지 말라'는 다른 사람들에게 고통을 주지 말라는 뜻이 아니라 자기 자신 안에 있는 타자를 약탈하지 말라는 뜻이며, 자기 자신을 해치지 말라는 뜻이다. 여기서 타자란 나와 무관한 어떤 다른 사람, 곧 나 자신에게서 멀리 떨어져 있는 사람이나 자신만을 위해 살아가는 타인이 아니다. 세상에 있는 모든 것들과 수천의 '타자'들은 내가 그들을 보고 느끼고 그들과 관계를 맺고 있는 한, 바로 나를 위해 존재한다. 나의 삶은 오로지 나와 세상, 곧 나와 타자들 사이의 관계로 이루어지는 것이다.

이러한 점을 배우고 깨달으며 이 복잡한 진리를 찾아가는 과정이 바로 지금까지 인류가 걸어온 길이었다. 그러는 동안 진보도 있었고 퇴보도 있었다. 훌륭한 사상도 나타났지만, 그 사상으로 다시 양심에 어긋나는 일을 계획하고 인류에게 해가 되는 법칙을 만들어내는 경우도 있었다. 신의 계시를 이성으로 이해할 수 있다거나 다른 물질에서 금을 만들어낼 수 있다는 기이한 주장들도 있었다. 오늘날 대다수의 사람들은 이러한 주장이 얼마나 어리석었는지 알고 있다. 어쩌면 이러한 주장은 인류가 지금까지 쌓아올린 인식의 흠점이었는지도 모른다. 신비주의적 색채가 아주 강했던 연금술은 "살인하지 말라"라는 계명을 철저히 실천에 옮겼다. 우리는 연금술의 비과학성은 극복했지만, 동시에 인간을 대량으로 살상할 수 있는 폭약과 독극물을 비롯한 과학 기술을 만들어냈다. 여기에 진보가 있는가? 아니면 퇴보가 있는가? 진보도 퇴보도 없다.

최근에 일어난 세계대전은 때로는 진보처럼, 때로는 퇴보처럼 보이는 야누스의 얼굴을 가졌다. 살상의 엄청난 규모와 잔인한 기술은 인류의 발전을 조롱하는 퇴보처럼 보였다. 많은 사람들이 전쟁으로 인해 생겨난 모든 새로운 욕구나 통찰, 계획 등을 진보로 간주한다. 어느 언론인은 진보처럼 보이는 이 모든 것들이 "내면화된 쓰레기"에 불과하다고 비난했다. 그가 그토록 실망감에 차서 이 시대에 가장 생동감 있고, 섬세하고, 본질적으로 자연스러운 것이라고 간주되는 전쟁과 그 부산물을 거친 언어로 비난한 일은 정말 당연한 일이다.

전쟁 중에 제기된 "이 전쟁은 그 규모와 끔찍한 메커니즘으로 말미암아 다음 세대 사람들에게 전쟁의 공포를 심어줄 것이다"라는 주장은 완전히 잘못된 것이다. 겁을 주는 것은 결코 좋은 교육 수단이 아니다. 살인을 즐기는 사람에겐 어떤 전쟁도 고통스럽지 않다. 인간의 행동 중에서 이성적 사고에서 비롯된 것은 백분의 일도 못 된다. 사람들은 어떤 행동이 불합리한 줄 잘 알면서도 열정적으로 행할 수 있다.

바로 그렇기 때문에 나는 여러 친구들과 적들이 말하는 그런 평화주의자는 아니다. 나는 합리적이고 이성적인 방법, 곧 설교나 조직, 선동 등을 통해 세계 평화가 이루어지리라고는 믿지 않는다. 이는 화학자 모임에서 현자의 돌을 만들어내리라고 믿지 않는 것과 마찬가지이다.

그렇다면 이 지상에서 진정으로 평화를 사랑하는 일은 어떻게 이루어질 수 있는가? 계명을 통해서도, 실제 경험을 통해서도 아니다. 평화는 인간이 이룩한 모든 진보가 그렇듯이 깨달음을 통해 온다. 우리가 깨달음을 학문적인 것이 아니라 무언가 삶과 관련이 있는 것이라고 이해한다면 모든 깨달음의 대상은 하나다. 그것은 수천 명에 의해 수천 번 인정되고 수천 가지 다양한 방식으로 표현되지만 항상 하나일 뿐이다. 그것은 우리 안에, 내 안에 그리고 당신 안에 있는 생명력에 대한 인식이자 신비한 마력에 대한 인식이며 우리 모두가 가지고 있는 비밀스러운 신성함에 대한 인식이다. 또한 이는 우리 안의 가장 깊은 곳에서의 모든 대립 쌍을 시시각각 무너뜨림으로써 흰색을 검은색으로, 악을 선으로, 밤을 낮으로 바꿀 수 있는 가능성에 대한 깨달음이다. 인도인들은 이를 '아트만'이라 하고 중국인들은 '도(道)'라고 하며, 기독교인들은 '은총'이라고 부른다. 예수, 부처, 플라톤, 노자처럼 이러한 최고의 깨달음에 이르면, 자신의 한계를 뛰어넘을 수 있으며 그 뒤에는 기적이 시작된다. 이때 전쟁과 적대 행위도 멈추는 것이다. 성경의 신약과 석가모니의 설법이 이러한 일에 관한 이야기들이다. 물론 원한다면 누구나 이런 체험을 '내면화된 쓰레기'라고 부르며 비웃어도 좋다. 그러나 이를 체험하는 자는 적을 형제로, 죽음을 탄생으로, 치욕을 영예로, 불행을 운명으로 느끼게 된다는 점은 분명하다. 지상에 있는 모든 사물은 두 가지 모습으로 나타난다. 한 번은 '이 세상의 것'으로 또 한 번은 '이 세상 외의 것'으로 말이다. '이 세상'은 '우리 외부에 있는' 무언가를 의미한다. 우리 외부에 있는 모든 것은 적이거나 위험일 수 있고 두려움을 주며 우리를 죽음에 이르게 할 수도 있다. 그러나 이 모든 '외부의 것'은 우리가 보고 듣고 느끼는 대상인 동시에 우리 영혼의 창조물이다. 이 진리를 발견하면서 외부의 것은 내부의 것으로, 세계는 나로 변한다. 그때 비로소 깨달음이 시작되는 것이다.

나는 지금까지 자명한 것에 대해 이야기했다. 그러나 전쟁에서 죽은 병사 하나하나가 끝없이 반복되는 우리의 오류를 상징하는 것처럼, 진리 또한 수천 가지 형태로 영원히 반복하여 나타날 것이다.

전쟁과 평화 Krieg und Frieden

◆ 구도의 길

신이여,
저를
절망케 하소서

Lass mich verzweifeln, Gott, an mir.

Also sprach Hesse

혼자서

이 세상에는
거리도 많고 길도 많지만
목적지는 모두 같다.

둘이서 혹은 셋이서
말을 타고 갈 수도 있고 차로 갈 수도 있지만
마지막 한 걸음은
혼자서 가야 한다.

그러기에 온갖 어려움을
혼자서 감당하는 일보다
더 나은 지혜나
능력은 없다.

Allein

Also sprach Hesse

새는 알에서 나오려고 투쟁한다. 알은 세계다. 태어나려는 자는 한 세계를 깨뜨려야 한다. 새는 신에게로 날아간다. 신의 이름은 아브라삭스다.

데미안 Demian

Also sprach Hesse

나는 내면에서 우러나오는 대로 살려고 애썼다. 그런데 그것이 왜 그렇게도 어려운 일이었던가.

데미안 Demian

Also sprach Hesse

믿음과 회의는 밀접한 관계를 맺고 있다. 그들은 서로 모자람을 채워준다. 한 번도 회의를 품은 적이 없는 곳에서는 올바른 믿음도 생기지 않는다.

기념문집 Gedenkblätter

Also sprach Hesse

우리가 보는 것들은 우리 안에 있는 것과 같아. 우리 안에 있는 현실 말고 다른 현실은 없어. 그래서 대브분의 사람들은 그토록 비현실적으로 사는 거지. 자기 밖의 모습들을 현실이라 여기고, 자기 안의 본래 세계가 표현되지 못하게 하니 말이야.

데미안 Demian

Also sprach Hesse

창조된 모든 것은 가장 단순해 보이는 것조차도 순수하지 못하고 분열되어 있으며 생성이라는 더러운 물결에 던져져 결코 그 물결을 거슬러 헤엄쳐 갈 수 없다. 창조되기 이전의 순수한 신에게로 가는 길은 후퇴가 아니라 전진이며, 이리나 어린아이로 되돌아가는 것이 아니라 점점 더 죄 속으로, 점점 더 인간됨을 향해 나아가는 것이다.

황야의 이리 Der Steppenwolf

Also sprach Hesse

너는 '인간이 되기' 위해 멀고도 힘겨운 고난의 길을 가야 한다. 너의 이원성을 다원화하고, 너의 복합성을 훨씬 더 고도화해야 한다. 평온에 이르기 위해 너의 세상을 좁히거나 너의 영혼을 단순화하지 말고, 더욱더 많은 세계를, 나아가 이 세계 전체를 너의 고통스럽게 확장된 영혼으로 받아들여야 한다. 부처를 비롯한 모든 위대한 인간들은 이 길을 걸었다. 어떤 이는 깨달은 상태로 또 어떤 이는 깨닫지 못한 채 자기가 갈 수 있는 데까지 걸어갔다. 탄생이란 모든 것에서 분리되어 신과 새로운 경계를 짓고 격리되는 것, 고통 속에서 새롭게 생성되는 것을 의미한다. 모든 것으로 되돌아가 고통스런 개성화를 지양한다는 것, 즉 신이 된다는 것은 모두를 다시 포용할 수 있을 만큼 정신을 넓히는 것을 의미한다.

황야의 이리 Der Steppenwolf

Also sprach Hesse

인간은 누구나 이 세상에 단 하나밖에 없는 아주 특별한 존재이다. 세상의 현상들이 단 한 번 교차되는 중요하고 특이한 하나의 지점이다. 따라서 모든 인간의 개인사는 고귀하고 영원하며 신성하다. 그렇기에 모든 인간은 살아서 자연의 의지를 충족시키는 동안에는 경이롭고 주목할 만한 가치가 있다. 누구든지 깨닫고, 누구든지 고통받는다. 구세주는 이런 인간을 위해 십자가에 못 박힌다.

데미안 Demian

Also sprach Hesse

스스로 구원받으려 하지 않는 사람을 어떻게 구원할 수 있는가.

유고 산문집 Prosa ur d Feuilletons aus dem Nachlaß

Also sprach Hesse

기도

신이여, 저를 절망케 하소서!
당신이 아니라, 저 자신에게
절망케 하소서.
방황의 모든 슬픔을 맛보게 하시고,
온갖 고뇌의 불꽃이 저를 핥게 하시고,
모든 치욕을 당하게 하소서.
저 자신을 가누는 것을 돕지 마시고
제가 뻗어 나가는 것을 돕지 마소서!
하지만 저의 온 자아가 이지러질 때,
그때 저에게 가르쳐주소서.
당신께서 그렇게 하셨다는 것을,
당신께서 그 불꽃과 고뇌를 보내셨다는 것을.
저는 기꺼이 멸망하고,
기꺼이 죽겠습니다.
오직 당신 안에서만 온전히 죽겠나이다.

Gebet

자연 속에서 인간만큼 나쁘고 거칠고 잔인한 것은 없습니다.

서간집 Briefe

Also sprach Hesse

우리는 개성의 범위를 너무 좁게 정한다! 언제나 남과 다르다고 구분한 것만 개성이라고 생각한다. 그러나 우리는 이 세상의 모든 성분으로 이루어져 있다. 우리의 몸은 물고기보다 훨씬 그 이전으로 거슬러 올라가는 진화의 계보도를 담고 있고, 우리의 영혼도 그동안 인간이 영혼 속에서 체험했던 모든 것을 담고 있다. 과거에 존재했던 모든 신과 악마가 가능성으로, 소망으로, 탈출구로 우리 안에 함께 있다. 한 번도 교육 같은 것을 받아본 적 없는 아이 하나만 살아남고 모든 인류가 멸종한다고 해도, 이 아이는 인류가 걸어왔던 길을 다시 찾아내 신과 악령과 낙원과 계명과 금지, 신약과 구약 등 모든 것을 다시 만들어낼 것이다.

데미안 Demian

Also sprach Hesse

희망을 가지고 있는 한, 불안할 수밖에 없다.

유고 산문집 Prosa und Feuilletons aus dem Nachlaß

Also sprach Hesse

나는 평생 동안 애정을 가지고 종교에 헌신하기 위해 노력해왔습니다. 나는 나 자신과 다른 사람들을 위해 새로운 형태의 종교를 찾을 수 있을 것이라고는 생각하지 않습니다. 앞으로도 지금과 같이 같은 입장을 견지할 것입니다. 현 시대와 나 자신에 절망하더라도 삶과 그 의미에 대한 외경심은 결코 버리지 않을 것입니다. 이런 외경심 때문에 따돌림을 당하거나 조롱을 받게 될지라도 말입니다. 세상과 내가 지금보다 더 나아지리라고 희망하기 때문은 아닙니다. 이런 외경심 없이, 신을 향한 헌신 없이는 결코 살고 싶지가 않기 때문입니다.

서간집 Briefe

Also sprach Hesse

악마와 악령의 존재를 알지 못한다면, 그리고 이들과 끊임없는 투쟁을 벌이지 않는다면, 고귀하고 숭고한 삶은 있을 수 없다.

유리알 유희 Das Glasperlenspiel

Also sprach Hesse

종교는 서로 비슷하다. 어느 종교에서든지 현자가 될 수도 있고, 반대로 아주 바보스런 우상 숭배자가 될 수도 있다. 종교, 특히 신화 속에는 인류의 거의 모든 실제적 지식이 축적되어 있다. 우리가 신화에서 종교적인 색채를 뺀다면, 모든 신화는 '참모습이 사라진다'. 신화는 세상의 핵심을 파악하는 실마리이다. 모든 신화는 자아에 대한 숭배에서 신에 대한 숭배로 가는 방법을 알고 있다.

1분 독서 Lektüre für Minuten

Also sprach Hesse

인본주의 이상과 종교적 이상을 서로 견줄 수는 없습니다. 어느 종교가 다른 종교와 비교해 더 뛰어나다고 가늠하고 싶지 않습니다. 내가 어느 교회에도 속하지 않는 이유는 바로 교회에 정신의 고귀함과 자유는 없고, 다들 자기네 교회가 으뜸이라며 타교회에 다니는 사람을 모두 길 잃은 양으로 취급하기 때문입니다. 교회로 가는 길은 쉽게 찾을 수 있고, 교회의 문은 활짝 열려 있으며, 전도도 열심히 하고 있는데도 말입니다.

서간집 Briefe

Also sprach Hesse

방랑
크눌프를 기념하며

슬퍼하지 말라, 곧 밤이 오리니,
우리는 창백한 대지 위로
몰래 웃음 짓는 싸늘한 달을 바라보며,
손에 손을 잡고 쉬게 되리라.

슬퍼하지 말라, 곧 때가 오리니,
우리에게 안식이 찾아오면,
우리의 작은 십자가가
길을 환하게 비추며 서 있으리,
비가 오고 눈이 내리고,
바람이 불어오고 불어가리라.

Auf Wanderung. Dem Andenken Knulps

Also sprach Hesse

모든 민족의 지혜는 똑같습니다. 지혜는 하나만 있을 뿐, 둘 이상의 지혜란 없습니다. 내가 종교와 교회에 대해 한 가지 꼭 이의를 제기하고 싶은 것이 있습니다. 그것은 바로 종교인들이 너그럽지 못하다는 점입니다. 기독교 신자와 이슬람교 신자는 자신의 믿음은 정말 좋고 거룩한 것이지만 그것은 결코 특권이나 특허를 가진 것이 아닙니다. 그들은 다른 종교를 가진 사람들과 자신들이 한 형제라는 점을 선뜻 시인하려 하지 않습니다.

서간집 Briefe

Also sprach Hesse

산은 여러 가지가 섞여 있지 않은 단일한 존재이고, 가능성이 아니라 순전한 현실성 그 자체이다. 하지만 우리 인간은 사라질 존재이고, 변화하는 존재이며, 가능성의 존재이다. 완전하고도 완벽한 존재는 있을 수 없다. 그렇지만 잠재적인 것이 실현되고 가능성이 현실성으로 바뀔 때, 우리 인간은 참된 존재에 참여하게 된다. 완전한 것, 신적인 것에 한 단계 더 가까워지는 셈이다. 이것이 곧 자아실현이다.

나르치스와 골드문트 Narziß und Goldmund

Also sprach Hesse

살아 있는 모든 것은 되어가는 과정이지, 완전한 존재가 아닙니다.

서간집 Briefe

Also sprach Hesse

"모든 진리는 그 반대도 마찬가지로 진리이다!" 좀 더 자세하게 이야기하자면 이렇다. "진리란 오직 일면적일 때에만 말로 나타낼 수 있으며, 말이라는 겉껍질로 덮어씌울 수가 있다." 생각으로써 생각될 수 있고 말로써 말해질 수 있는 것, 그런 것은 모두 다 일면적이다. 모두 다 일면적이고, 모두 다 반쪽에 불과하며, 모두 다 전체성이나 완전성, 단일성이 결여되어 있는 것이다. 따라서 세존 고타마도 이 세상에 대하여 설법을 하실 때, 이 세상을 윤회와 열반, 미혹과 진리, 번뇌와 해탈로 나누지 않을 수 없었던 것이다. 달리 방법이 없었다. 가르치고자 하는 사람에게는 그 방법 말고는 다른 방법이 없다. 그러나 이 세계 자체, 우리 주위에 있으며 우리 내면에도 현존하는 그 자체는 결코 일면적인 것이 아니다. 한 인간이나 한 행위가 전적인 윤회나 전적인 열반인 경우란 결코 없으며, 한 인간이 온통 신성하거나 온통 죄악으로 가득 차 있는 경우란 결코 없다. 그런데도 그렇게 보이는 까닭은 우리가 시간을 실제로 존재하는 것으로 착각하고 있기 때문이다. 시간은 실제로 존재하는 것이 아니다. (…) 시간이 실제로 존재하지 않는 것이라면 현세와 영원 사이에, 번뇌와 행복 사이에, 선과 악 사이에 가로놓여 있는 것처럼 보이는 간격이라는 것도 착각에 불과하다."

싯다르타 Siddhartha

Also sprach Hesse

경건에 이르는 길은 사람마다 모두 다를 것이다. 나는 수많은 오류와 고뇌, 숱한 자책을 거쳐 어리석음과 원시림처럼 무성한 바보짓을 통해 그 길을 걸어왔다. 나는 자유로운 정신의 소유자였고 경건이 하나의 영혼의 병인 줄 알고 있었다. 나는 금욕주의자가 되었고 내 살에 못을 박는 고통을 가하기도 했다. 경건하다는 것이 건강하고 쾌활한 것을 의미한다는 사실은 미처 알지 못했던 것이다.

경건하다는 것은 믿음과 다를 바 없다. 믿음은 단순하고 건강하며 천진한 사람이나 어린아이 또는 원시인만이 가질 수 있는 것이다. 단순하지도 천진하지도 않는 나 같은 사람은 여러 우회로를 거쳐 믿음을 가질 수밖에 없다. 너 자신에 대한 믿음이 출발점이다. 믿음은 앙갚음이나 책임, 양심의 가책, 금욕과 희생으로 얻어지는 건 아니다. 이 모든 노력은 우리 밖에 있는 신들에 향한 것이다. 우리가 믿어야 하는 신은 바로 우리 내면에 있다. 자기 자신을 부정하는 사람은 신을 긍정할 수 없다.

방랑 Wanderung

Also sprach Hesse

신은 우리 한 사람 한 사람에게 이루려는 뜻이 있고, 이 뜻을 이루고자 했습니다. 만일 우리가 이를 받아들이지 않고 신을 돕지 않는다면 우리는 신의 적대자입니다.

서간집 Briefe

Also sprach Hesse

목표를 향하여

언제나 나는 목표 없이 걸어갔다.
쉬고 싶은 생각은 조금도 없었다.
나의 길은 끝이 없는 것처럼 보였다.

드디어 나는 알았다. 단지 원을 그리며 맴돌았다는 것을.
그러고는 방랑에 지쳐버렸다.
그날이 내 삶의 전환점이었다.

주저하면서 나는 이제 목표를 향해 가고 있다.
내가 가는 길마다 죽음이 서 있다가
손을 내밀고 있음을 알고 있기에.

Dem Ziel entgegen

Also sprach Hesse

자네들은 다른 사람이 되는 것, 다른 사람들의 목소리를 흉내 내고 그들의 얼굴을 자네들의 얼굴로 여기는 것을 그만두어야 하네. (…) 자네들 안에는 외침과 의지 그리고 아직 구체화되지 않은 미래에 대한 계획, 새롭고 더 높은 곳을 향한 계획이 잠들어 있네. 자네들이 가진 미래는 돈이나 권력이나 지혜나 사업상의 행운이 아니네. 그것은 훨씬 더 어렵고 위험한 길이네. 자네들이 가진 미래는 스스로 성숙하며 자신 속에 있는 신을 발견하는 일일세. 이것보다 더 어려운 일은 없다네. 자네들은 항상 신을 찾아 다녔지만 내면은 살펴보지 않았네. 신은 다른 곳에는 없네. 자신 안에 있는 신 외에 다른 신은 존재하지 않네.

기념문집 Gedenkblätter

Also sprach Hesse

나는 오직 어린아이가 되어 또다시 새롭게 시작하기 위해 얼마나 많은 어리석음을 저지르고 악덕을 행했으며, 또 환멸과 비애를 겪었던가. (…) 나는 새로운 삶을 찾기 위해 죄를 저지르지 않으면 안 되었다.

싯다르타 Siddhartha

Also sprach Hesse

그는 사랑이 넘치는 시선으로 강물을 들여다보았다. (…) 그는 얼마나 이 강물을 사랑하는가! 또 강물은 얼마나 그를 매료시키는가! 그는 이 강물에 얼마나 감사하고 있는가! 그는 마음속에서 새롭게 깨어나는 음성을 들었다. 그 음성은 이렇게 말하고 있었다. 이 강물을 사랑하라! 강물 곁에 머물러라! 강물에게서 배우라! 아, 그렇다. 그는 강물로부터 배우고자 했다. 강물에 귀 기울이고자 했다. 강물과 강물의 비밀을 이해하는 자는 다른 많은 것도, 많은 비밀도, 나아가 모든 비밀들도 이해하리라는 생각이 들었다. 강의 비밀 가운데에서 그는 오늘 또 한 가지를 보았고, 그의 영혼은 사로잡히고 말았다. 강물은 흐르고 또 흐르며, 영원히 흐르지만, 언제나 그곳에 있다. 강물은 언제나 항상 동일한 것이지만, 매순간 새롭다! 아, 누가 이를 깨닫고 이해할 수 있으랴! 그도 이를 이해하거나 파악하지 못했다.

싯다르타 Siddhartha

Also sprach Hesse

우리의 미래를 보장해줄 만한 정신의 소유자를 길러내려면, 정부 형태와 통치 방식을 바꾸는 일부터 시작하는 것이 아니라 인성을 바로 세우는 일부터 시작해야 한다.

후기 산문집 Späte Prosa

Also sprach Hesse

네 스스로 생각해내려고 애써야 해. 그러고는 정말로 네 본질로부터 나오는 것, 그걸 하면 돼. 다른 길은 존재하지 않아.

데미안 Demian

Also sprach Hesse

생각이란, 우리가 그걸 따라 그대로 사는 생각만이 가치가 있어.

데미안 Demian

Also sprach Hesse

나무는 성스러운 존재다. 나무와 이야기를 나누고 귀 기울일 줄 아는 사람은 진리를 체험한다. 나무는 교훈이나 처방을 설교하지 않는다. 나무는 개별적인 것을 넘어서서 삶의 근본적인 법칙을 알려준다. 나무는 다음과 같이 말한다. 내 속에는 하나의 씨와 하나의 불꽃, 하나의 사상이 숨어 있다. (…) 우리가 슬픔에 빠져 삶을 더 이상 감당할 수 없을 때 나무는 이렇게 말한다. 가만! 가만! 나를 바라봐! 삶이란 쉬운 것도 어려운 것도 아냐. 모든 게 다 어린아이들의 생각일 뿐이지. 네 속에 있는 신이 말을 하게 해봐. 그러면 그런 생각들은 침묵하게 될 거야. 네가 불안해하는 건 네 길이 어머니와 고향에서 멀리 떨어져 있기 때문이야. 그러나 하루하루 한 걸음 한 걸음은 너를 새롭게 어머니에게로 다가가게 할 거야. 고향이란 여기 또는 저기에 있는 것이 아니야. 고향은 네 마음속에 있을 뿐이지, 다른 어떤 곳에도 없어.

방랑 Wanderung　헤세

Also sprach Hesse

믿음은 남이 시키거나 강요해서 생기는 것이 아니라 스스로 겪어야 생기는 것이다.

서간집 Briefe

Also sprach Hesse

나는 올바른 기독교인이 될 수 없었다. 왜냐하면 하나님에게 아들이 하나뿐이라는 것, 그 아들을 믿는 것이 하나님에게로 이끄는, 행복으로 인도하는 유일한 길이라는 사실을 믿을 수 없었기 때문이다. 나는 유일한 정통성을 주장하는 권위주의는 싫어해도 신앙심에는 늘 마음이 끌린다.

서간집 Briefe

Also sprach Hesse

나는 독실한 신앙심과 경외심이 우리가 지닐 수 있는 어떤 재능보다 소중한 최고의 덕목이라고 생각한다. 내가 생각하는 독실한 신앙심이란, 개인 마음속의 엄숙한 감정을 가꾸는 것이 아니라, 경외심, 즉 세상 천체나 자연 그리고 이웃을 존중하는 마음, 다시 말해 모두가 함께 있다는 마음이라 생각한다.

서간집 Briefe

어떤 신앙을 가지느냐는 중요하지 않다. 신앙을 가지는 것 자체가 중요하다.

후기 산문집 Späte Prosa

Also sprach Hesse

교회와 목사가 예수 같았으면 시인은 필요하지 않았을 것입니다.

서간집 Briefe

Also sprach Hesse

사제관

이 아름다운 집을 지나칠 때면 그리움과 향수의 입김이 느껴진다. 그 요함과 평안함, 서민 생활에 대한 그리움, 안락한 침대와 정원 벤치, 정갈한 부엌에서 풍기는 냄새, 거기다 서재와 담배, 고서(古書) 등 이런 것들에 대한 향수……. 젊은 시절 나는 얼마나 신학을 업신여기고 경멸했던가! 이제야 신학이 기품과 매력에 가득 찬 학문이란 걸 알게 되었다. 그것은 몇 미터, 몇 센티미터 같이 변변찮은 것과는 무관하고, 끊임없이 총 쏘고 만세를 부르다가도 배신하는 비열한 세계사와도 무관하다. 신학은 사랑스럽고 축복스런 내면의 문제, 즉 은총과 구원, 천사와 성찬을 부드럽고 섬세하게 다룬다.

나 같은 사람이 사제가 되어 이곳에 산다면 얼마나 놀라운 일일까! 바로 나 같은 인간이! 멋진 검은색 평상복을 깔끔하게 차려입고 이곳을 오가며 정원의 배나무 받침대를 부드럽게 어루만지거나, 오직 정신적인 사랑만 하며 죽어가는 마을 사람을 위로하고, 라틴어로 된 고서를 읽거나 요리사에게 온화하게 지시를 내리고,

일요일에는 좋은 설교를 떠올리며 자갈길을 따라 성당으로 가는 그런 사람, 내가 바로 그런 사람에 어울리지 않을까?

날씨가 나쁜 날이면 불을 푹 지피고 녹색이나 푸른색의 벽돌 난로에 몸을 기댈 것이고, 이따금 창가에 서서 밖의 날씨를 탓하며 머리를 설레설레 흔들기도 할 것이다.

그러나 햇살 좋은 화창한 날이면 정원에서 과수를 자르고 묶으며 시간을 보낼 것이고, 열린 창문 곁에 서서 회색이나 검은색에서 다시 장밋빛으로 변해가는 산을 쳐다볼 것이다. 아, 나는 조용한 내 집 앞을 산보하며 지나가는 모든 이들을 깊은 관심으로 배웅하게 되겠지. 애정 어린 호의적인 마음으로 이들을 바라보리라, 때로는 그리운 마음으로. 그는 한곳에 정주하여 주인 행세하는 나와는 달리 정말 이 땅의 진정한 손님이요 순례자라는 나보다 더 나은 역할을 선택했기 때문이다.

나는 아마도 그러한 사제가 될 것이다. 아니면 이와는 다른 사제가 될지도 모른다. 황량한 서재에서 독한 부르군트산 포도주로 여러 날 밤을 지새우며 주위의 수많은 악마들과 격투를 벌일지도 모른다. 아니면 고해성사를 하러 온 아가씨와 은밀한 죄를 지은 끝에 양심의 가책으로 밤마다 악몽에 놀라 잠에서 깨어날지도 모른다. 또 초록색 정원 문을 잠근 채 복사(腹事)에게 종을 울리게 해놓고 직무나 마을일, 세상일을 모두 내팽개치고 널찍한 안락의자에 누워 담배를 피우며 공상에 젖거나 잔뜩 게으름을 피울지도 모른다. 저녁에는 옷도 벗기 싫어 그대로 잠들고, 아침에는 일어나는 것도 귀찮아하면서.

결국 나는 정말 이런 집에 거처한다 해도 사제가 되지는 못할 것이고 오히려 지금처럼 정처 없고 무해한 창랑자가 될 것이다. 내가 사제가 되는 일은 결코 없을 것이다. 몽상적인 신학자가 되거나 미식가 혹은 지독한 게으름뱅이나 주정뱅이가 되든지, 아니면 젊은 아가씨에게 푹 빠져 살지도 모른다. 어쩌면 시인이나 광대가 될지도 모르고, 가난한 마음속에 불안과 그리움으로 향수병을 앓을지도 모른다.

그러니 아무런들 어떠랴. 내가 초록색 문과 과수, 예쁜 정원, 아담한 사제관을 밖에서 들여다보든 안에서 내다보든, 내 그리움이 거리로부터 조용한 성직자를 향해 있든 창밖으로 부러움과 동경심에 방랑자들을 쳐다보든, 그것은 아무 상관이 없다. 여기서 내가 사제가 되든지 아니면 거리의 떠돌이가 되든지 아무래도 좋다. 내게 몇 안 되는 중요한 것을 제외하고는 정말 아무래도 좋다. 혀끝이든 발끝이든, 또 환희든 고통이든 내 속에서 생명이 꿈틀거림을 느낀다는 것, 내 영혼이 움직여 수많은 환상의 유희를 펼치며 여러 형태로 스며들어 변화될 수 있다는 것, 이것이 중요하다. 설령 사제나 방랑자, 요리사나 살인자, 어린아이나 동물, 아니면 새나 나무로 스며들어 변화된다고 하더라도 이것이 내게는 더없이 중요한, 내가 꼭 가져야만 하는 삶에 필요한 것들이다. 그런데 이것이 언젠가 더 이상 아무것도 아닌 것이 되고, 내가 '현실' 속에 내 삶을 송두리째 맡겨버렸다고 느꼈을 때 나는 차라리 죽어버리리라.

나는 분수에 기대 사제관을 화폭에 그려보았다. 무엇보다도 내 마음에 드는 초록색 문과 그 뒤에 우뚝 서 있는 종탑도 함께 그렸다. 문은 실제보다 더 진한 초록색으로 칠하고 교회 탑은 더 높게 그렸는지도 모르겠다. 중요한 것은 이 집에서 그림을 그린 15분 동안이나마 고향의 정취를 느껴봤다는 사실이다. 밖에서만 보았을 뿐 그 안에 누가 살고 있는지조차 모르는 이 사제관에 대해 언젠가 난 진짜 고향 같은 향수를 느낄 것이다. 마치 어린 시절 행복하게 지낸 듯 같은 향수……. 이곳에서 난 15분 동안이나마 어린아이였고 행복했으니까.

방랑 Wanderung

◆ 예술

예술의
시작은
사랑이다

Die Kunst beginnt mit der Liebe.

Also sprach Hesse

시인의 과제는 길을 제시하는 것이 아니라 그리움을 일깨우는 것이다.

유고집 Nachlaß

Also sprach Hesse

화가의 기쁨

밭은 곡식을 맺으나 돈이 들고
초원에는 철조망이 둘러쳐 있다.
궁핍이 있고 탐욕이 일어나니
모든 것이 부패된 채 갇혀 있는 듯하다.

허나 여기 내 눈 속에는
만물의 다른 질서가 있어
보라색이 풀려 흐르고 자주색이 군림하니
나는 그들의 순진무구함을 노래한다.

황색에 황색이, 적색에 황색이 어우러지고
시원한 청색이 분홍빛을 머금네!
빛과 색채가 세계를 떠돌다가
사랑의 물결 속에서 굽이치며 울려 나온다.

정신이 지배하여 만병을 치료하니
갓 태어난 샘에서 초록이 울려 나온다.
세계는 새롭고 의미 깊게 나누어지고
마음은 즐겁고 쾌활해진다.

Malerfreude

모든 예술의 시작은 사랑이다. 모든 예술의 가치와 범위는 사랑할 줄 아는 예술가의 능력에 달려 있다.

유고집 Nachlaß

Also sprach Hesse

예술에는 아버지의 세계와 어머니의 세계, 정신과 피가 결합된다. 예술은 가장 감각적인 것에서 출발해 가장 추상적인 것으로 나아가거나, 순수한 이념 세계에서 출발해 가장 원초적인 관능의 세계에서 끝날 수도 있다. 사이비 예술성을 드러내는 작품이 아니라면 어떤 예술작품이든 이러한 위태로운 양면성을 지닌다. 다시 말해, 예술에는 남성적인 요소와 여성적인 요소, 충동적인 요소와 순수한 정신적인 요소가 공존한다.

나르치스와 골드문트 Narziß und Goldmund

Also sprach Hesse

모든 예술의 뿌리, 나아가 모든 정신의 뿌리는 죽음에 대한 두려움이다. 우리는 죽음을 두려워하고, 덧없이 사라져가는 것을 보고 몸서리치며, 꽃이 시들고 잎이 떨어지는 것을 보면서 슬픔에 빠진다. 이럴 때 우리의 가슴속에서는 우리의 존재도 덧없이 스러져가고 조만간 시들 것이라는 확신이 든다. 그런데 우리가 예술가로서 어떤 형상을 창조하거나 사상가로서 어떤 법칙을 탐구하고 생각을 정리할 때면 우리는 그 무엇인가를 거대한 죽음의 소용돌이로부터 구해내려고 애쓴다. 우리는 우리 자신보다도 더 오래 지속될 무엇인가를 세우기 위해 애쓰는 것이다.

나르치스와 골드문트 Narziß und Goldmund

Also sprach Hesse

자연은 수만 가지 색을 가지고 있지만, 우리는 그 단계를 스무 개 정도의 색으로 축소해서 머릿속에 집어넣고 있다.

클링조어의 마지막 여름 Klingsors letzter Sommer

Also sprach Hesse

작가의 과제는 이상적이고 완벽하며 모범적인 인물을 고안해내어 독자들에게 교훈 삼아 그대로 모방하라고 제시하는 데 있지 않습니다. 오히려 작가는 자기가 체험한 것을 지극히 엄정하고도 충실하게 그려내도록 애써야만 합니다. 아니, 달리 어떻게 할 도리가 없기에 그렇게 쓸 수밖에 없다고 해야 할 것입니다. 물론 그러면서도 진정한 상상의 체험은 그대로 살려야 하겠지요.

서간집 Briefe

Also sprach Hesse

뛰어난 작가가 되는 데 신념과 선한 의지만으로 충분하다면 이 세상에는 일급 작가들로 넘쳐날 것이다.

문학평론 2 Schriften zur Literatur 2

Also sprach Hesse

예술에서 유일하게 중요한 것은 재능이었다! 예술에서 결정적인 것은 재능, 역량, 혹은 행운이라 불릴 만한 것, 아무튼 뭐라 표현하든 간에 그런 것들 중 하나이다! 종종 나 자신도 이와 반대되는 생각을 했다. 그리고 한 사람에게 어떤 재능이 있는가, 얼마만큼 탁월하게 예술 활동을 전개할 수 있는가는 별로 중요하지 않고, 한 사람이 그 마음속에 정말로 무언가를 지니고 있는가, 그가 정말로 어떤 할 말이 있는가가 중요한 것이라 주장하기도 했다. 다 허튼소리였다! 누구나 마음속에 무언가는 있고, 누구에게나 말할 무엇이 있다. 그러나 침묵하거나 더듬거리지 않고, 말로든, 색채로든, 음조로든 그것을 정말로 표현하기도 한다는 것, 그것만이 중요하다! 아이헨도르프*는 위대한 사상가가 아니었다. 르누아르**도 대단히 심오한 사람은 아니었을 것이다. 그러나 그들은 자신들의 일을 해낼 수 있었다! 그들에겐 많든 적든 말해야 할 것이 있었고 그것을 완벽하게 표현해냈다. 그럴 수 없는 사람은 펜이든 붓이든 던져버리는 게 나으리라! 아니면 틀어박혀 계속 연습이나 하든지, 뭔가 할 수 있을 때까지, 뭔가 이룰 수 있을 때까지 포기하지 않고 그렇게 연습에 연습을 되풀이하는 길도 있으리라.

*독일의 후기 낭만주의 시인이자 소설가로 향토색 짙은 서정시와 소설 작품들을 남김.
**프랑스의 인상파 화가로 〈목욕하는 여인들〉, 〈물랭 드 라 갈레트〉 등의 명작을 남김.

화가 · 헤세 Hermann Hesse als Maler

Also sprach Hesse

문학은 삶을 그대로 베껴 쓰는 것이 아니라, 우연적인 것을 전형적이고 보편타당한 것으로 응축하고 압축하고 통합하는 것입니다.

서간집 Briefe

Also sprach Hesse

우리 시대의 예술가는, 자신이 지닌 이상 외에 어떤 다른 이상도 갖고 있지 않다. 그래서 그는 전적으로 자기 자신이 되려고 한다. 그는 자연적으로 내면에서 빚어지고 준비된 것을 실행하고 표현하는 것 외에 다른 어떤 것도 소망하지 않는다. 그래서 예술가는 가능한 한 일단 시민에 대한 적대감을 멀리한 채, 개인적으로 아름다운 것과 표현할 수 있는 것을 만들어낸다. 예술가는 자신의 분노에 휩싸여 흥분하지 않는다. 대신 그에 알맞은 표현을 거르고 끌어당기고 반죽해서 만들어낸다. 그는 불편하고 불쾌한 느낌을 쾌적하고 아름다운 것으로 변화시키려고 새로운 아이러니와 새로운 풍자, 새로운 길을 만들어낸다.

언어 Die Sprache

Also sprach Hesse

뛰어난 문학이 사라지지 않고 읽히는 것은 학문적인 판단 때문이 아니다. 생존 가치가 있는 훌륭한 작품은 다행스럽게도 항상 스스로 생명을 유지해 나간다.

문학평론 2 Schriften zur Literatur 2

Also sprach Hesse

예술과 아름다움이 정녕 인간을 개선시키고 강하게 할 수 있을지는 알 수 없습니다. 적어도 이것들은 하늘의 별과 같이 우리에게 빛을 던져주고, 혼돈 속에서 질서와 조화 그리고 '의미'의 참뜻을 떠올리게 해줍니다.

서간집 Briefe

Also sprach Hesse

수백 년의 세월이 흐르는 동안 수천 개의 신조, 당파, 정강이 있었고, 수천 번의 혁명이 있었습니다. 어쩌면 이런 것이 세상의 변화와 진보를 가져오게 했는지도 모릅니다. 하지만 어떤 정강이나 신조도 그 시대보다 오래가지 못했습니다. 몇몇 진정한 예술가들의 그림과 언어, 몇몇 진정한 현자, 사랑을 설파한 사람이나 자신을 희생한 사람들의 말은 여러 시대를 거치며 남아 있습니다. 예수나 그리스 시인이 남긴 말은 수백 년이 지난 후에도 사람들의 의식을 일깨워주었고, 고통이나 인간성의 기적에 대한 시각을 열어주었습니다.

서간집 Briefe

Also sprach Hesse

새롭고 흥미로운 것이라 해도 하루를 넘기기 어렵다. 그러나 수세기를 거치며 잊히지 않거나 사라지지 않은 것은 그 가치 평가에서 흔들리지 않을 것이다.

문학평론 1 Schriften zur Literatur 1

Also sprach Hesse

미와 예술에 빠져드는 것만큼 기분을 북돋아주는 일은 없다. 이런 경험을 하다 보면 자신과 세상의 참혹한 고통도 잊을 수 있다. 굳이 바흐의 푸가나 조르조네의 그림이어야 할 필요는 없다. 구름 사이로 얼핏 보이는 푸른 하늘, 갈매기 꼬리의 날렵한 깃털, 아스팔트 위에 떨어진 기름띠에 어린 무지개만으로도 족하다. 이보다 훨씬 못한 것이어도 좋다.

이러한 복된 경험에서 눈을 돌려 다시 나를 의식하고 삶의 고통을 되돌아보면, 기쁨은 어느새 슬픔으로 바뀐다. 세상은 찬란하게 빛나는 하늘 대신 검은 땅을 내보일 것이며 미와 예술은 슬픔을 자아낼 것이다. 하지만 푸가든 그림이든 갈매기 깃털이든 기름띠든 혹은 이보다 못한 것들이든 미는 달라지지 않고 신성하다.

나와 세계를 잊게 해준 행복은 순간에 불과할지라도 슬픔 어린 미의 경이가 지닌 마력은 몇 시간, 며칠, 아니 평생 동안 지속될 것이다.

1분 독서 Lektüre für Minuten

Also sprach Hesse

요즘 나는 일을 하는 사이사이에 뭔가 아름다운 것을 누리고 싶거나 잠시 급박한 일에서 벗어나 가치 있는 무언가에 침잠하고 싶을 때면, 나는 시를 쓰지 않고 그림을 그립니다. 마흔을 바라보는 이 나이에 그림을 그리기 시작한 것입니다. 그림 그리기는 내게 있어 시 쓰기와 거의 똑같은 일이며 종종 그 이상의 의미를 갖습니다. 왜냐하면 내가 추구할 만하다고 여기는 유일한 영혼의 상태는 사욕이라곤 없는 내적 공감과 몰두의 상태이기 때문입니다. 그런 상태야말로 진정 예술적인 것이지요.

서간집 Briefe

Also sprach Hesse

비록 끝까지 설명할 수 없다고 해도, 마음속에서 벌어지는 일을 문학적으로 심도 있게 표현하는 것은 그것을 지적으로만 분석한 것보다 더 효과적이고 감동적이다.

유고 서평집 Rezensionen aus dem Nachlaß

Also sprach Hesse

예술가의 등급을 매기는 가장 결정적인 요소는 그 예술가가 가진 이미지 또는 상상력이 얼마나 견실하고 힘이 있는가 하는 점이다.

문학평론 1 Schriften zur Literatur 1

Also sprach Hesse

어떤 사람들은 아부로 살아가고, 또 어떤 사람들은 기념비를 허물어뜨리는 것으로 살아갑니다. 이 두 부류를 심각하게 받아들일 필요는 없습니다.

서간집 Briefe

Also sprach Hesse

음악은 내 생각에 별로 도덕적이지 않아서 참 좋습니다. 다른 건 모두 도덕적입니다. 나는 도덕적이지 않은 걸 찾고 있습니다. 도덕적인 것에 늘 시달렸거든요.

데미안 Demian

언론인의 미덕은 그가 이해하지도 못하고 어떤 감정도 느끼지 않는 것에 대해 글을 쓸 수 있다는 것입니다. 나는 그런 일은 결코 배우지 않을 것입니다.

서간집 Briefe

Also sprach Hesse

아름다움은 그것을 지닌 사람보다, 사랑하고 숭배하는 사람을 행복하게 해준다.

문학평론 1 Schriften zur Literatur 1

Also sprach Hesse

예술은 모두 보상 행위일 뿐이다. 놓쳐버린 삶, 놓쳐버린 동물성, 놓쳐버린 사랑에 대한 보상인 것이다. 너무나 힘들고 값비싼 대가를 치루는 보상 말이다. 하지만 꼭 그렇지만은 않다. 우리가 정신적인 것을 감각적인 것의 결핍에 대한 임시 보상책이라고 간주한다면, 그건 감각적인 것을 과대평가하는 것이다. 감각적인 것이 정신적인 것보다 더 가치 있는 것은 결코 아니다. 그 반대도 마찬가지다. 당신이 여자를 포옹하는 것이나 시를 쓰는 것은 똑같은 일이다.

클링조어의 마지막 여름 Klingsors letzter Sommer

Also sprach Hesse

문학작품은 설명이나 변명이 필요 없습니다. 문학작품은 한없이 인내하면서 기다릴 수 있습니다. 그리고 가치 있는 문학작품은 자신에 관해 논쟁하는 그 어떤 책들보다 오래 살아남을 것입니다.

서간집 Briefe

Also sprach Hesse

예술가

열정을 다해 만든 나의 작품이
시끌벅적한 시장에 진열되어 있다.
세상 사람들은 가볍게 지나치면서
웃고, 칭찬하고, 다 좋다고 말한다.

그들이 웃으며 내 머리에 씌어주는
이 기쁨의 월계관이 내 정력과 빛을
모조리 삼켜버린 것을 아무도 모른다,
아, 나의 희생은 정말 가치 있는 일이었나?

Der Künstler

집단주의적인 사상이나 설교는 있을지 몰라도 집단주의적인 문학이란 존재하지 않는다.

문학평론 2 Schriften zur Literatur 2

예술도 사랑과 마찬가지다. 위대한 것을 아주 조금밖에 사랑할 줄 모르는 사람은 지극히 사소한 것에도 열정을 불태울 수 있는 사람보다 훨씬 더 가난하고 가련하다.

문학평론 1 Schriften zur Literatur 1

Also sprach Hesse

인식과 창작, 사상가이자 예술가라는 것은 서로 받아들일 수 없는 반대 명제다. 창작과 철학은 거의 같은 것이라 세계관을 표현하는 것이 문학의 과제라는 말은 착각이다.

유고 서평집 Rezensionen aus dem Nachlaß

Also sprach Hesse

대중은 자신이 믿고 싶어하는 이야기만 진실로 받아들인다.

이 세상에 Diesseits

Also sprach Hesse

도달한 목적지는 목적지가 아니었다. 모든 길은 우회로였고, 휴식은 매번 새로운 동경을 낳았다.

방랑 Wanderung

Also sprach Hesse

이따금 저녁 시간에 그렇게 앉아 내 눈과 같은 높이에 떠 있는 구름을 보고 있노라면 나는 만족스런 기분을 느낀다. 나는 저 아래 놓인 세상을 보며 생각한다. '너를 잃어도 좋다.' 나는 이 세상에서 행복을 찾지 못했다. 나는 세상과 잘 맞지 않았다. 나는 아직 살아 있다. 나는 세상에 반항하면서 나 자신을 지켜냈다. 그리고 비록 성공한 공장주나 권투 선수, 영화 스타가 되지는 않았지만, 나는 열두 살 소년 시절부터 꿈꾸던 것, 즉 시인이 되었다.

그리고 내가 얻은 깨달음 중 무엇보다 중요한 것은, 우리가 세상에서 아무것도 바라지 않고 조용히 주의 깊게 관찰하기만 한다면 세상은 성공한 사람들이나 세상의 인기인들이 전혀 알지 못하는 많은 것을 보여준다는 사실이다. 관조 능력은 탁월한 기술이다. 그것은 치유와 즐거움을 마련해주는 세련된 기술이다.

나는 저녁 구름을 보면서 이런 기술을 터득했다. 저녁에 작은 발코니에 앉아 있을 때면 언제나 나는 구름과 하나가 된다. 높은 곳에 있는 내 둥지에서는 구름 한가운데를 볼 수 있기 때문이다. 비가 오거나 사나운 폭풍이 몰아치는 날에는 구름이 집 안까지 들어와 흰색과 희색 구름 조각들이 발코니 난간에 매달리고 내 발치까지 기어 온다. 그리고 바깥에서는 구름들이 서로 엉키면서 위아래로 움직인다. 번개가 칠 때마다 깜짝 놀라 반짝이는 구름들은 깊은 녹색 골짜기와 차갑고 어두운 호수로 내려가기도 하고 창백한 하늘 위로 빨려 올라가기도 한다. 그러나 날씨가 좋아서 호수가 파랗게 빛나고 저녁 무렵 보랏빛 그림자가 드리워질 때면, 그리고 먼 마을의 유리창들이 황금빛으로 불타고 산들의 서쪽 능선이 투명한 장밋빛 보석처럼 빛날 때면, 구름도 기분이 좋아서 다채로운 색깔을 띠고 몇 시간이든 마음껏 떠돌며 어린아이처럼 놀이를 즐긴다.

화가 헤세 Hermann Hesse als Maler

Also sprach Hesse

예술을 둘러싼 대립도 다른 경우와 마찬가지다. 서로 사랑하지 않는 한, 끝내 이해하지 못하는 법이다. 또한 세계를 외면보다 내면에서 경험할 때에만 서로 사랑할 수 있다.

문학평론 1 Schriften zur Literatur 1

Also sprach Hesse

생각할 때와 마찬가지로 창작에서도 우연한 사고의 대상들이 중요한 것이 아니라 자기가 사는 시대의 문제를 체험하며 깊이 생각하는 열정과 순수함의 정도와 집중이 관건이다.

유고 서평집 Rezensionen aus dem Nachlaß

Also sprach Hesse

예술과 아름다움이 인간을 향상시키고 힘을 북돋워주는지는 논외로 치자. 적어도 이들은 별빛 하늘처럼 우리에게 빛을, 혼돈 속의 '가치'인 질서와 조화에 대한 생각을 불러일으킨다.

문학평론 2 Schriften zur Literatur 2

Also sprach Hesse

작가에게 "차라리 다른 소재를 선택했더라면 더 좋지 않았을까요?"라고 묻는다면, 그건 마치 어떤 의사가 폐렴에 걸린 환자에게 "차라리 도감기로 결정하면 더 좋았을 텐데요"라고 말하는 것과 같다.

문학평론 1 Schriften zur Literatur 1

Also sprach Hesse

그림 그리기의 즐거움과 괴로움

오늘 나는 호숫가의 녹색 벤치들 중 하나에 오랫동안 앉아 있었다. 볼품없고 딱딱한 이 벤치들은 먼지 덮인 자갈밭에 일정한 간격으로 놓여 있었다. 그리고 저녁이 되면 할 일 없는 건달이나 외지인들이 와서 벤치에 앉았다. 나는 여러 해 전부터 호숫가의 이 도시를 알고 있고, 이따금 몇 달씩 여기에 머물기도 하지만 이 지루한 벤치들 중 하나에 건달들과 함께 앉고 싶었던 적은 없다. 하지만 이제는 좀 익숙해져서 오늘 한 시간 내내 벤치에 앉아 있었다. 정오경이었고 나 이외에 다른 사람은 거의 없었다. 부신 햇살에 눈을 깜박이면서 나는 호숫가의 돌담 너머를 바라보았다. 파란 호수가 짙은 녹청색 줄무늬를 만들면서 반짝거렸고 멀리 범선 두 척이 공중에 떠 있는 것처럼 부유하고 있었다. 초록 호반은 굳센 팔로 호수를 껴안았다. 그리고 남쪽 하늘에서는 반짝이는 여름 구름들 사이로 눈 덮인 산정의 윤곽이 어렴풋이 보였다.

아주 조용한 시간이었다. 나는 눈을 껌벅이다 반쯤 졸기도 하면서 벤치 구석에 웅크리고 앉아 있었다. 그리고 멀리 떠가는 범선을 이따금 눈으로 좇았다. 가까이에는 살아 움직이는 것이 거의 없었다. 한번은 청년이 지나갔다. 양모 스웨터를 입고 스포티한 차림을 한 잘생긴 청년이었다. 청년의 긴 머리칼이 부드러운 바람에 너풀거렸다. 그러고는 어린 소년 하나가 지나갔다. 일고여덟 살쯤 돼 보이는 소년은 지루한 자갈길을 걷는 것이 싫은지 호수를 둘러싼 돌담 위로 의기양양하게 걸어갔다. 소년은 오른손에 들고 있는 장난감 권총을 연신 장전했고, 정확히 다섯 걸음을 내디딜 때마다 방아쇠를 당겼다. 전쟁이나 인디언의 싸움에서 영웅이 되는 꿈을 꾸듯 아이는 리드미컬한 동작을 하면서 끝없이 이어진 담장을 걸어갔다.

어린아이의 도습이 점차 흐릿해져 멀리 작은 점처럼 보이게 되었을 때 나는 오늘이 그림 그리기에 좋은 날이라는 것을 문득 깨달았다. 정말로 그림처럼 아름다운 날이라서 공기와 물, 땅과 수풀은 마법의 입길을 입은 듯했고, 모든 것이 우아한 조화를 이루고 있었다. 화가들이 눈앞의 대상들을 사랑하게 되는 날, 모든 것이 불가사의하고 일회적인 아름다움을 띠고 있어서 화가들로 하여금 표현의 충동을 느끼게 하는 날, 가장 사소하고 하찮은 것들에까지 고요한 후광 같은 향기와 매력이 감도는 날이었다.

오, 나는 얼마나 오랫동안, 얼마나 무한히 긴 시간 동안 그림을 그리지 않았던가! 얼마나 여러 달 동안 이 즐거움 없이 지냈던가! 무미하고 어둠침침한 겨울 동안 이 도시는 수많은 여행객들로 북새통을 이루었다. 그런 곳에서 나는 책을 읽고 일을 하며 지내느라 반년 이상 그림을 그리지 못했다. 나는 더 이상 어떤 매혹적인 인상에 사로잡히지 않았고 은밀하면서도 흥분된 싸움을 벌이지도 않았다. 여행을 하고 도시에서 지내는 동안에는 그림을 그릴 수 없었다. 그림을 그리기 위해서는 시골에서 여유롭게 생활하면서 조용한 풍경 속을 홀로 자주 거닐고 나 자신에게 침잠할 수 있어야 했다.

오, 그림 같은 대기가 갑자기 나를 감싸며 자극한 그 순간, 그림을 그리며 지냈던 지난여름의 행복한 시간이 얼마나 그리웠는지!

얼마나 어리석게도 내 화실에서 멀리 떨어진 이 도시에서 기나긴 시간을 보내고 있었던 것인지! 얼마나 많은 봄날을 헛되이 흘려보낸 것인지! 갑자기 내 앞의 모든 것이 그림처럼 보였다. 발아래 자갈길은 희미하게 분홍빛을 띠었고 호수의 범선들은 황톳빛과 오렌지 빛으로 반짝였다. 잔물결이 이는 굴가의 수면은 가득 짜 놓은 물감이 서로 조금씩 섞여들고 있는 괄레트처럼 보였다. 수정처럼 맑은 청록색 수면이 높은 금속성 음처럼 차갑고 밝은 노래를 불렀고, 밝게 빛나는 녹색 나무들과 그 아래 짙은 그늘 사이에서는 조그만 집들의 침착한 담들이 앞다투어 따뜻한 이야기를 들려주었다.

그러나 여기, 이 도시, 이 황량한 호숫가, 많은 사람들 틈바구니에서 그림을 그린다는 것은 생각할 수조차 없었다. 오, 내가 테신의 집에 있다면! 내 화구와 함께 우거진 밤나무 숲의 그늘 아래 있다면 얼마나 좋을까! 그러나 그것은 무의미한 소망이었다. 나는 테신을 떠나 도시에 있었다. 그리고 내 숙소의 보잘것없는 조그만 팔레트에는 몇 달째 먼지 덮인 물감이 굳은 채로 있었다.
나는 기분이 우울해져 집으로 걸음을 옮겼다. 한동안은 본격적인 그림 그리기를 중단해야겠지만, 잠시나마 수채화 물감으로 장난을 쳐보고 싶었다. 나는 친구나 수집가에게 줄 조그만 그림을 그릴 생각이었다. 동화의 삽화를 만들거나 꽃이 있는 풍경에 시를 써 넣는 것도 괜찮겠다고 생각했다.
나는 집으로 갔다. 마음은 들떠 있었고 물감에 대한 동경으로 가득 차 있었다. 나는 밝은 햇살에서 벗어나 서늘하게 그늘진 집의 문으로 들어섰고 계단을 올라 현관의 어둠 속으로 들어갔다. 푸른 햇살이 비치는 바깥과 달리 내 방 안에는 서늘한 빛이 감돌고 회색 진주알 같은 그림자가 아름답고 부드럽게 드리워져 있었다. 그리고 방 한가운데, 책장 한가운데에 너무나 사랑스런 색채가 싱싱하게 물결치고 있었다. 친밀한 색조들의 협주곡을 연주하는 그것은 꽃이 세 송이 달린 목련 가지였다. 한 송이는 서서히 시들어가고 다른 하나는 활짝 피었으며 나머지 하나는 아직 봉오리를 다물고 있었다. 바깥 부분은 자주색이지단 안쪽은 하얀 비단 같은 이 꽃들은 놀랍도록 아름답게 하늘거렸다. 그늘진 회색 방 안에서 이 꽃들은 영혼을 품고 있는 것 같았고, 벽에 걸린 그림들의 몇 가지 희미한 색채들만이 꽃들의 울림에 대답하고 있었다.

나는 놀라고 매혹된 심성으로 꽃 앞에 서 있었다. 나는 그 꽃들을 까맣게 잊고 있었다. 어제 나는 한 친구의 정원에서 기쁜 마음으로 그 꽃들을 꺾어 집으로 가져왔던 것 같다. 다채로은 빛을 발하는 신싱한 무엇을 방 안으로 가져와 세심하게 물을 주고 잘 세워 놓으견서 무척 즐거워했던 것 같다. 하지만 그 꽃들이 얼마나 아름다운지, 꽃들의 다채로운 색끝이 얼마나 복된 빛을 쏟아내는지, 활짝 핀 꽃들이 죽음을 예감하며 부드럽게 살진 봉우리로 기우는 모습이 얼마나 감동적인지, 보라색과 분홍색과 은은하고 서늘한 흰색의 듯잎이 유연하게 굽으며 살며시 말라가는 모습이 얼마나 아름다운지, 그 아름다움이 얼마나 일회적이고 짧으며 무상한 것인지. 그리고 그 모습을 내가 그릴 수 있고 그려야 하며 아주 서둘러 열렬한 마음으로 그려야 한다는 것을 – 바보 같은 나는 어제와 오늘 아침까지 알지 못했고 집으로 돌아온 이제야 깨달은 것이다.

의자에 모자를 벗어던진 나는 얼른 물 한 잔과 수채화 물감 팔레트를 가져왔다. 그리고 먼지 덮인 물감 덩어리가 소생하기를 입술을 핥으면서 기다렸다. 나는 황영색과 베로나 녹색, 빨간색과 군청색이 물기를 머금으며 서서히 녹아서 윤기를 내는 모습을 보았다. 서둘러 자리를 잡은 나는 이달리아제 도화지 한 장을 펼치고 붓을 물에 적셨다. 그러고는 붓으로 물기 머금은 팔레트의 묽은 물감을 찍었다. 붓에는 흐르는 자주색을 묻히고 손가락에는 분홍색과 하얀색을 묻힌 나는 침묵하고 있는 아름다운 세 송이 꽃에만 정신을 쏟았다. 하지만 도화지가 너무 빨리 젖어들어 엉망이 되자 찢어버리고 새 도화지를 가져왔다.

책상의 꽃 옆에는 우편물이 놓여 있었다. 저녁 식사 초대장과 피에졸레에서 온 카드 그리고 판지로 싸서 끈으로 묶은 책 두 권이었다. 나는 그것들을 보지 않았다. 목련과 내 도화지 외에는 아무것도 보이지 않았다. 뾰족한 잎사귀 끝에서 활짝 웃고 있는 연녹색과 어두운 배경의 암시적인 색채들 외에는 아무것도 중요하지 않았다. 나는 행복과 긴장감에 들떠서 연신 도화지에 붓질을 했고 꽃 안쪽의 흐릿한 심연을 뚫어질 듯 보고 나서는 청홍색의 물 속이 서둘러 붓을 담갔다.

나는 물을 새로 떠오기 위해 방 밖으로 한 번 나갔다. 그리고 서랍에서 하얀 물감 튜브를 꺼내기 위해 한 번 일어났다. 유감스럽게도 흰색이 없이는 그릴 수가 없었던 것이다. 그 밖에는 한 시간 내내 그림 그리기를 중단하지 않았다. 단 한 번도 휴식을 취하지 않았을 만큼 제정신이 아니었으며 정신을 차리고 싶지도 않았다. 나는 색을 칠하고 물을 바르고 붓을 씻었다. 파란색을 조금, 노란색을 조금 더 칠했다가는 이내 젖은 붓으로 다시 색을 엷게 했다. 오, 이 세상이 그림 그리기보다 더 아름답고 중요하고 행복한 일이 어디 있을까. 다른 모든 것은 어리석은 시간 낭비였고 헛된 짓이다. 그림 그리기는 내게 더할 나위 없이 소중한 일이었다.

마지막으로 나는 배경에도 뭔가 특징을 부여하려 했다. 그런데 회녹색을 찍은 붓이 실수로 물기 많은 자리로 미끄러졌고 물감이 번져서 흐릿한 줄이 여러 개 생겼다. 나는 절망적인 기분으로 그것들을 지우려 했다. 그러자 갑자기 그림의 모든 구석이 마음에 들지 않았다. 한쪽 구석을 보면 색깔들의 가장자리가 너무 짙고 보기 싫게 응어리져 있었다. 다른 구석에는 밝게 남아 있어야 할 부분이 회색으로 더럽혀져 있었다. 그것을 보고 놀란 나는 불안하고 성급한 마음으로 붓질을 해댔다. 전체 화면이 너무 빨갛기만 하고 파랗고 서늘한 인상이 부족한 게 아닐까? 하얀색을 쓰지 않은 건 너무 멍청한 짓이 아니었을까? 아, 게다가 어떻게 잎 그늘과 배경에 똑같은 군청색을 칠할 수 있단 말인가? 이런저런 실수가 자꾸 눈에 띄어서 나는 연신 물을 찍어 발랐다. 오 이런, 나는 너무 서둘러 그림을 그렸고 이제 중단할 수밖에 없었다. 나는 붓을 내려놓았고 도화지가 마를 때까지 기다려보기로 했다.

마침내 도화지가 말랐다. 하지만 나는 분명히 알게 되었다. 내가 그처럼 아름다운 꽃을 보고 그려 낸 것은 완전히 엉망인 그림이었다. 우글쭈글한 도화지에는 지저분한 얼룩밖에 없었다. 종이와 물감이 아까웠고, 덧칠을 해대면서 더럽힌 물조차 아까웠다!
나는 물감으로 더럽혀진 종이를 천천히 찢어서 휴지통에 던져버렸다. 그림 그리기보다 더 위험하고 어렵고 실망감만 주는 일이 또 있을까? 이보다 더 까다롭고 희망 없는 일이 있을까? 목련을 그리려는 시도는 돈키호테나 햄릿 같은 작품을 써보려는 시도만큼 주제넘은 일이고, 결국 하찮고 유치한 놀이가 아닐까?
이런 생각이 빠르게 스쳐 가는 동안 나는 나도 모르게 새 도화지를 책상에 펼쳤고 붓 두 자루를 물로 씻어내고는 새 물을 떠왔다. 그리고 불안한 마음으로 다시 천천히 그림을 그리기 시작했다.

화가 헤세 Hermanr Hesse als Maler

 황혼의 매력

가장
아름다울 때
사라지다

 Im schönsten Augenblick verschwindet es.

Also sprach Hesse

봄의 말

아이들은 봄이 속삭이는 소리를 다 안다:
살아라, 자라나라, 피어나라, 희망하라, 사랑하라,
기뻐하라, 새싹을 움트게 하라, 몸을 던지고, 삶을 두려워하지 마라!

노인들은 봄이 속삭이는 소리를 다 안다:
노인이여, 땅속에 묻혀라,
씩씩한 아이들에게 자리를 내어주어라, 몸을 던지고, 죽음을 두려워하지 마라!

Sprache des Frühlings

Also sprach Hesse

우리는 지치고 평온해질 때까지 많은 고통을 겪고 쓴맛을 봐야 합니다. (…) 폭죽은 폭발할 때 더 아름답고, 가장 아름다운 순간에 사라집니다.

서간집 Briefe

Also sprach Hesse

나이가 들수록 봄은 두려워지고 가을이 더 좋아집니다.

서간집 Briefe

Also sprach Hesse

죽음에 맞서는 무기는 필요 없다. 죽음이란 존재하지 않기 때문이다. 하지만 한 가지는 존재한다. 바로 죽음에 대한 두려움이다. 이 두려움은 치유할 수 있다.

클링조어의 마지막 여름 Klingsors letzter Sommer

Also sprach Hesse

나는 청춘과 노년을 아주 정확하게 구분할 수 있다고 생각한다. 청춘은 이기주의와 함께 끝나고, 노년은 다른 사람을 위한 삶과 더불어 시작된다.

거르트루트 Gertrud

Also sprach Hesse

사라지는 청춘

지친 여름이 고개를 숙이고
호수에 비친 퇴색한 내 모습을 본다.
피곤에 지친 나는 먼지투성이가 되어
가로수 그늘을 걷는다.

포플러 사이로 바람이 지나가고,
내 뒤의 하늘은 붉게 물들었다.
저녁의 불안과 어스름 속에서
죽음이 기다린다.

나는 지쳐 먼지투성이가 되어 걷는다.
청춘은 주춤하며 뒤에 처져,
고운 머리를 갸웃거리고는
더는 나와 함께 가지 않겠단다.

Jugendflucht

Also sprach Hesse

인생에서 처음부터 끝까지 얽히고설킨 내용을 모두 기록한다면 세계사만큼이나 풍부한 서사시가 탄생할 것입니다.

서간집 Briefe

Also sprach Hesse

인간은 지상을 정복했지만, 훌륭한 지배자는 아닙니다. 천국이 우리를 기다리는 것은 아닙니다. 깨달은 사람, 고결한 사람들은 가르침이나 설교보다는 자신이 있는 자리에서 의미 있게 살려고 노력하면서 자기 맡은 바를 다합니다.

서간집 Briefe

Also sprach Hesse

죽음은 냉혹하게 보였지만 길 잃은 아이를 집으로 데려오는 신중한 아버지처럼 강하고 정다운 것이기도 했다. 문득 죽음은 어질고 착한 우리의 형제이며, 적당한 때를 알기 때문에 마음 놓고 기다리기만 하면 된다는 것을 알았다. 고통, 실망, 우울이 우리를 나태하고 가치도 품위도 없는 사람으로 만들기 위해 있는 것이 아니라, 우리를 성숙시키고 정화시키기 위해 있다는 것을 알게 되었다.

페터 카멘친트 Peter Camenzind

Also sprach Hesse

모두 하나둘 사라지고 마침내 친한 사람들이나 사랑하는 이들이 '저승'에 더 많아지게 되면 '저승'에 대한 호기심이 절로 일어나게 되고 죽음에 대한 두려움도 사라지게 됩니다. 마음을 굳게 다진 사람도 떨쳐버리기 힘든 두려움인데 말입니다.

서간집 Briefe

Also sprach Hesse

삶은 의미가 있어야 한다고들 말합니다. 하지만 삶에는 자신이 줄 수 있는 만큼의 의미만이 있을 뿐입니다. 개인은 이것마저도 제대로 할 수 없기에 종교나 철학에서 답을 찾으려 합니다. 하지만 답은 언제나 한결같습니다. 삶은 사랑을 통해서만 의미를 얻을 수 있습니다. 다시 말해 사랑을 많이 하면 할수록, 헌신을 많이 하면 할수록 삶의 의미는 더욱더 풍부해집니다.

서간집 Briefe

Also sprach Hesse

안개 속에서

안개 속을 거닐면 정말 이상하다!
숲이며 돌은 저마다 외로움에 잠기고,
나무도 서로를 보지 못한다
모두가 혼자다.

내 인생이 찬란했을 때
세상은 친구로 가득했다
이제, 안개가 덮이니
아무도 보이지 않는다.

어찌할 도리 없이
모든 것에서부터 가만히 떼어놓는
어둠을 모르는 자,
정녕 현명하지 않다.

안개 속을 거닐면 정말 이상하다!
인생은 외로운 것.
사람들은 서로를 알지 못한다
모두가 혼자다.

Im Nebel

Also sprach Hesse

삶의 행로는 상황에 따라 결정되는 것처럼 보이나 사람이 영향을 미쳐 변화될 가능성은 있게 마련입니다. 이 가능성은 우리가 순수함과 감사하는 마음 그리고 사랑하는 능력을 가질수록 더 커지는 것입니다.

서간집 Briefe

Also sprach Hesse

모든 사람의 삶은 제각기 자기 자신에게로 이르는 길이다.

데미안 Demian

Also sprach Hesse

늙어가는 것

젊은이들이 좋아하는 모든 겉치레들,
나 역시 이런 것들을 좋아한다,
곱슬머리, 넥타이, 헬멧, 검
그리고 여자도.

그러나 이제야 분명히 안다,
늙은이가 된 지금,
그런 것들을 멀리하려는 노력이
얼마나 현명한지를
이제야 분명히 안다.

머리띠와 곱슬머리,
그리고 모든 매력은 곧 사라져버리고
내가 얻은 것들,
지혜, 미덕, 따뜻한 양말,

아, 이 모든 것도 곧 사라지고
세상은 추워지리라.

늙은이들이 좋아하는 것은
벽난로와 부르고뉴산 적포도주,
그리고 마지막으로 편안한 죽음을 맞이하는 것,
그러나 오늘은 아니다, 나중에!

                 Altern

Also sprach Hesse

길거리를 두 발로 돌아다닌다고 해서 모두 인간이라고 생각하는 건 아니겠지? 아기를 임신해 태내에 아홉 달을 품는다는 이유만으로 말이야. 그들 중 얼마나 많은 이들이 사람이 되지 못한 채 물고기에 그치고, 양, 벌레, 거머리에 그치고 마는지? 또 얼마나 많은 이들이 개미이고, 얼마나 많은 이들이 꿀벌인지도 알고 있겠지! 하지만 그들 모두 인간이 될 가능성은 다분해. 다만 스스로 깨닫고, 스스로 의식하는 법을 배워야만 하지.

데미안 Demian

Also sprach Hesse

늙는다는 것은 마냥 시들어버리는 것이 아니라 고유한 가치와 마력, 지혜, 그리고 고유한 슬픔을 지니는 것입니다.

서간집 Briefe

Also sprach Hesse

자신을 다른 사람들과 비교하지 말게. 자연이 자네를 박쥐로 만들었다면 스스로 타조가 되려고 해서는 안 되네. 자넨 이따금 자신을 괴짜라 여기고 다른 사람들과는 다른 길을 간다고 스스로를 비난하지. 그런 짓은 말아야 해. 불꽃을 들여다보게, 구름을 올려다보게. 어떤 예감이 떠오르고 자네 영혼 속에서 목소리가 들려오거든 그 소리에 자신을 온전히 맡기게. 그것이 선생님이나 아버지 또는 그 어떤 신에게나 어울리는 일일까 묻지 말게! 그런 질문은 자신을 망칠 뿐이니까. 그랬다가는 거리를 걷다가 화석이 되고 말지.

데미안 Demian

우리는 가까워질 수 없어. 마치 해와 달, 바다와 육지가 가까워질 수 없듯이 말이야. 이봐, 우리 두 사람은 해와 달, 바다와 육지처럼 떨어져 있는 거야. 우리의 목표는 상대방의 세계로 넘어 들어가는 것이 아니라 서로를 인식하는 거야. 상대방을 있는 그대로 지켜보고 존중해야 해. 그렇게 해서 서로가 대립하면서도 보완하는 관계가 되는 것이지.

나르치스와 골드문트 Narziß und Goldmund

Also sprach Hesse

나는 젊음을 역설하거나 그룹을 만드는 것이 언제나 마땅찮았다. 사실 몇몇 사람들 사이에서만 자기들끼리 어떤 사람이 젊다거나 늙었다고 말할 수 있다. 재능이 있고 감각이 섬세한 사람들은 마음이 즐거웠다가 금방 슬퍼지는 것처럼, 늙었다가 이내 다시 젊어지곤 한다. 나이가 많은 사람들은 젊은이들보다 더 자기 자신을 사랑하는 마음으로 좀 더 자유롭고 유쾌하고 경험이 풍부하고 선하게 일을 한다. 노인은 흔히 젊은이들을 건방지다고 생각한다. 그렇지만 노인은 젊은이들의 몸짓과 사고방식을 모방하기 좋아한다. 스스로 열광적이고 편파적이다. 광적이며 마음에 상처도 쉽게 받는다. 노년은 젊음보다 나쁘지 않고, 노자는 부처보다 못하지 않다. 푸른색을 빨간색보다 좋지 않다고 할 수 없다. 노인이 젊어 보이려고만 하면 노년은 한낱 하찮은 것이 되고 만다.

아름다운 죽음에 관한 사색 Mit der Reife wird man immer jünger

Also sprach Hesse

노인이 되어가는 것은 부서져 없어지거나 시드는 것이 아니다. 인생의 계단이 모두 그렇듯이 그것 나름대로의 가치를 지니고 있다. 독특한 매력이 있으며 나름대로 지혜와 슬픔도 있다. 문화가 꽃피던 시절에는 노년에 대한 존경심이 있었는데 요즘에는 젊음에 대한 존경심이 요구되고 있다. 난 젊음의 가치를 깎아내리고 싶지는 않다. 그렇다고 노년이 아무런 의미도 없는 것으로 매도당해서는 안 된다.

아름다운 죽음에 관한 사색 Mit der Reife wird man immer jünger

Also sprach Hesse

노인이 되어 할 일을 다했으면 조용한 시각에 죽음과 친구가 될 수 있다. 그에게는 이제 더 이상 사람들이 필요하지 않다. 이미 그들을 알고 있고, 충분히 보아왔기 때문이다.

그에게 필요한 것은 침묵이다. 그런 사람을 방해하지 말자. 말을 걸거나, 잡담으로 괴롭히는 것만큼 나쁜 것은 없다. 그의 집 근처를 갈 때면 마치 아무도 살지 않는 빈집을 지나치듯 그냥 스쳐 지나가야 한다.

아름다운 죽음에 관한 사색 Mit der Reife wird man immer jünger

Also sprach Hesse

싯다르타가 말하였다. "나는 사상들을 가졌었지, 그라, 그리고 이따금씩 인식들을 가져본 적도 있었지. 나는 가끔씩, 한 시간 정도 아니면 하루 정도, 마치 사람들이 가슴속에 생명이 고동치는 것을 느끼듯이, 나의 가슴속에서 지식이 살아 있음을 느끼곤 했던 적이 있었네. 그것은 여러 가지 생각들이었지. 그러나 그것들을 자네에게 전달하기란 나로서는 힘든 일일 것 같네. 이보게, 그빈다, 내가 얻은 생각들 중의 하나는 바로, 지혜라는 것은 남에게 전달될 수 없는 것이라는 사실이네. 지혜란 아무리 현인이 전달하더라도 일단 전달되면 언제나 바보 같은 소리로 들리는 법이야."

싯다르타 Siddhartha

Also sprach Hesse

나는 내가 깨달은 사실을 말하고 있는 걸세. 지식은 전달할 수 있지만, 지혜는 전달할 수가 없는 법이지. 우리는 지혜를 찾아내고, 지혜를 체험하고, 지혜를 지니고 다니며, 지혜로써 기적을 행할 수도 있지만, 지혜를 말하고 가르칠 수는 없네. 나는 이 사실을 이미 젊은 시절부터 조금씩 예감했고, 이 때문에 내가 그 스승들 곁을 떠났던 게지.

싯다르타 Siddhartha

Also sprach Hesse

죽음에 관한 나의 태도는 예나 지금이나 변함이 없다. 죽음을 두려워하지 않는다. 이러한 죽음에 대한 나의 태도는 망상도 상상도 아닌 현실로서 나의 삶의 한 부분으로 다가온다. 나는 사라진 것에 대한 슬픔을 시들어가는 꽃잎 하나에서도 느낄 줄 안다. 이것은 절망이 아닌 슬픔이다.

서간집 Briefe

Also sprach Hesse

관습의 저편에서 부르는 외침

얼마 전에 한 청년이 "늙고 지혜롭다"라는 말로 운을 떼며 내게 편지를 보내왔다. "저는 당신을 신뢰합니다. 당신이 늙고 지혜로우시다는 것을 잘 알고 있기 때문이지요". 난 마침 여유가 좀 있었던 터라 내게 온 편지들 중 하나를 집어 들었다. 다른 수백 통의 편지와 별다른 차이가 없는 편지였다. 나는 편지를 꼼꼼히 읽지 않고 대충 보다가 몇 구절을 눈여겨보며 의미를 가늠해보았다. "늙고 지혜롭다"라는 구절에 눈이 멈춰졌다.

그것은 활동 폭도 좁고 재미있는 일도 별로 없는 지치고 피곤한 노인을 실소하게 한 말이었다. 그래도 지금보다 할 일이 많던 활기 찬 시절에는 그래도 지혜로운 생활을 했다고 자부하는 나인데도 말이다. 내가 늙은 것은 사실이다. 늙고 기력이 달리고 실망하고 지쳐 있다. 그렇지만 '늙었다'라는 말은 전혀 다른 의미를 나타내기도 한다! 오래된 전설, 오래된 집과 도시, 오래된 나무, 오래된 단체, 오래된 풍습이라고 말할 때는 같은 단어라도 가치가 없거나 가소롭다거나 경멸적인 뜻을 담고 있지 않다. 사실 나도 노년의 질을 부분적으로만 인정할 뿐이다. 나는 그 단어의 많은 뜻 가운데 부정적인 의미만 인정해왔다. 편지를 쓴 젊은이에게는 "늙은"이라는 말이 하얀 수염을 하고 잔잔한 미소를 머금은, 어떻게 보면 감동적이기도 하고 존경스러운 가치와 의미를 지니는 것처럼 느껴진 것 같았다. 나 자신도 젊었을 때는 이런 의미로 생각하기도 했다. 좋다, 이 말을 편지의 서두로서는 제법 그럴듯하다고 이해하고 받아들일 수도 있었다.

그렇지만 "지혜롭다"라니! 도대체 그것이 무슨 뜻이란 말인가? 그냥 아무런 의미가 없고, 별다른 뜻 없이 무심히 쓰이는 형용사였다면 차라리 쓰지 않는 편이 더 나았을 것이다. 만약 그렇지 않고 분명한 뜻이 있었다면, 그 안에 무슨 뜻이 감추어져 있었을까? 난 늘 해왔던 방법대로 그 단어와 관련을 맺고 있는 것들을 떠올리기 시작했다. 잠시 마음을 진정시킨 후 방을 왔다 갔다 하다가 "지혜롭다"라는 말을 혼잣말로 다시 내뱉어보면서 뇌리에 제일 먼저 어떤 생각이 떠오르는지 생각해봤다. 그런데 전혀 엉

뚱하게도 소크라테스라는 말이 떠오르는 것이 아닌가?
따지고 보면 그나마 다행이었다. 그냥 아무런 뜻도 없는 말이 아니라 명칭이 있고, 그 이름 뒤에 어떤 추상적인 것이 아닌 한 인간의 모습이 자리 잡고 있기 때문이었다. 그런데 애매한 개념인 지혜는 실재 인물의 이름인 소크라테스와 어떤 관계가 있는가? 이는 별로 어려운 문제는 아니었다. 지혜는 학교 선생님이, 강당 가득 메운 청중 앞의 연설자가, 혹은 비평가나 잡문가가 소크라테스에 대해서 말할 때면 언제나 거리낌 없이 언급되기 때문이었다. 지혜로운 소크라테스. 소크라테스의 - 혹은 연설자의 표현대로라면 - 소크라테스와 같은 지혜. 그런 지혜에 대해서라면 난 더 이상 할 말이 없었다.
그 구절을 듣자마자 현실이, 진실이, 많은 전설적인 이야기들인데도 불구하고 강하게 내게 다가왔고, 소크라테스의 모습이 확연히 머릿속에 떠올랐다. 볼품없는 모습의 아테네 늙은이였던 그는 지혜에 대한 자신의 입장을 분명하게 밝혔다. 그는 아무것도, 아무엇도 아는 것이 없다며, 자신이 지혜롭다는 말은 추호도 할 수 없다고 강력하게 고백했다.

그렇게 해서 나는 지혜롭지 않았던 늙은 소크라테스 앞에 지혜로운 늙은이가 되어 서 있는 내 도습을 생각하며 스스로 거부감이 들어 부끄러워졌다. 내가 그렇게 부끄러워할 이유는 얼마든지 있었다. 술책을 부리거나 까다롭게 굴려는 것이 아니다. 나를 두고 지혜로운 사람이라 말했던 그 젊은이는 그 자신의 어리석음과 젊음의 무지 때문이 아니라, 교훈과 연륜에 따른 지혜, 그리고 경험과 사고가 깃들어 있는 나의 많은 시구를 보고 그렇게 생각하게 된 것이다. 나의 시구가 그렇게 생각하도록 유인했고, 그렇게 할 근거를 마련해주었던 셈이다.

나 역시 시로 표현했던 '지혜'에 대해 자신이 없었다. 그래서 의구심을 품어보기도 했고 심지어 철회하거나 부인해보기도 했다. 하지만 그렇게 해서 부정했던 것보다는 평생 동안 더 많이 긍정했었고, 투쟁을 하기보다는 침묵을 지켜왔다. 또한 좀 더 많이 동의해왔고, 종종 영혼과 믿음과 언어와 관습의 전통에 경의를 표해왔었다.

사실 나는 글 속에 인간의 가장 안전한 보금자리가 빈곤이고, 인간의 진정한 식량이 허기라는 것을 의미하는 문구를 간간이 적어 놓곤 했었다. 그러나 모든 것을 다 종합해 생각해보면 다른 사람들처럼 나도 정형화된 세상과 전통에 눈길을 돌리고 싶어했다. 끔찍스럽게 아름답거나 축복스럽거나 치명적인 순간이 말로 표현될 수 없기 때문에 말이 더 이상 아무 소용이 없고, 포기되는 경험 속에서 마술적인 언어의 유희와 위안과 소나타, 푸가, 묵시록적인 불길 속의 심포니를 선호했었다.

내게 편지를 보낸 그 청년이 내 안에서 아무것도 알지 못하는 소크라테스가 아니라 교수나 잡문가의 의미에서 지혜로운 사람을 발견했다면 내가 그에게 그렇게 할 수 있는 근거를 충분히 마련해 준 셈이었다.

"늙고 지혜롭다"라는 문장에 대한 의미 파악을 위한 노력이 내게 남겨준 것은 거의 없었다. 나는 어떤 식으로든 편지를 이해하고 싶어서 오히려 우회적인 방법을 사용해 단어 하나하나에 신경을 쓰지 않고, 젊은이가 편지에 쓰고 싶어했던 전체적인 내용을 살펴보기로 했다. 편지를 쓴 이유는 겉으로 보기에 아주 간단해서 대답도 쉬울 것 같았다. "삶이 의미가 있다면 차라리 머리에 총을 쏘는 편이 더 낫지 않을까요?" 언뜻 보기에 그 질문에 대한 답은 별로 많아 보이지 않았다. 가령 이런 대답을 할 수 있을 것 같았다. "아닐세, 젊은이. 삶은 의미가 없네. 그러니 이렇게 혹은 저렇게 해보는 편이 더 낫겠지." 혹은 이렇게 말했을 수도 있었다. "삶은 물론 의미가 있기 때문에 자살을 선택하는 것은 말도 안 되는 것이지." 혹은 이렇게 말할 수도 있었다. "비록 인생이 의미가 없기는 하지만 그렇다고 해서 스스로 자살을 할 필요는 없지." 혹은 "삶은 나름대로 좋은 의미가 있기는 하지만 그렇다고 좋은 삶을 살거나 삶의 의미를 파악하기는 쉽지 않네."

그런 것들이 언뜻 보기에는 젊은이에게 해줄 수 있는 모든 가능한 답이었을 것 같다. 그렇지만 혹시 또 다른 것은 없는지 생각해 보니 네 개나 여덟 개가 아니라 수백, 수천 개의 답이 생각났다. 하지만 그 편지와 그것을 쓴 사람에게는 사실상 오직 하나, 자유로 향할 수 있는 단 하나의 해결책만이 그를 궁지에서 벗어날 수 있게 하는 대답이라고 혹자는 말할 것이다.

그러나 그 하나의 대답을 찾는 데 지혜와 나이는 아무런 도움이 되지 않는다. 편지의 질문은 나를 캄캄한 어둠 속으로 밀어 넣었다. 내가 알고 있는 지혜, 혹은 나보다 나이가 더 많은 사람과 경험이 풍부한 상담자들이 알고 있는 지혜는 책이나 설교, 연설에 훌륭하게 잘 인용될 수는 있다. 하지만 실제적으로 다가선 이런 사람, 나이와 지혜를 과대평가하기는 하지만 대단히 심각하고 "당신을 신뢰한다"는 간단한 말로 모든 무기와 술책을 내게서 빼앗아 간 정직한 사람에게는 어울리지 않기 때문이다.

자, 유아적이면서도 심각한 질문이 적혀 있는 편지에 어떻게 답할 것인가?

편지를 읽으면서 이해력보다는 느낌을 통해, 경험이나 지혜보다는 위나 교감신경을 통해 느끼고 받아들일 수 있는 섬광 같은 뭔가가 번쩍하는 느낌이 들었다. 그것은 진실 같은 것, 뇌우가 몰아치기 전 구름 사이로 틈이 벌어지면서 번쩍하는 번개 같은 것, 관습과 평안의 저편, 그 너머에서 부르는 소리 같은 것이었다. 그것에 대해 스스로 몸을 낮추거나, 침묵하는 것 혹은 그 부름을 받아들이는 것이나 순종하는 것 말고는 다른 방법이 없었다.

어쩌면 내게 아직 선택의 여지가 남아 있는지도 모른다. 나도 그와 마찬가지로 아는 것이 거의 없어서 그 딱한 젊은이를 도와줄 수 없으니 그 편지를 다른 많은 편지들 밑으로 집어넣어버리는 것이다. 그렇게 하는 것이 어렴풋하게 기억하다가 차츰 완전히 잊히도록 만드는 방법이다.

그렇지만 그런 생각을 하는 동안에도 난 결코 잊을 수 없었다. 그것에 대한 대답을 해야만, 그것도 적절한 대답을 해야만 비로소 잊어버릴 수 있기 때문이다.

내가 답을 찾을 수 있는 힘은 더 이상 나 자신이나 경험이나 영특함이나 연습이나 박애주의에서 나오는 것이 아니라 편지가 내게 안겨준 진실 자체, 그 작은 진실 조각 하나로부터 나오는 것이다. 다시 말하면 그 편지에 답변하게 만드는 힘은 그 편지 속에 들어 있으므로 젊은이가 스스로 대답을 할 수 있다는 말이 된다. 늙고, 지혜로운 돌처럼 굳은 내게 불꽃을 튀게 했다면, 그 불꽃을 일게 만든 것은 그의 망치이고, 그의 일격이고, 그의 괴로움이며, 그의 힘일 뿐이다.

그동안 그런 종류의 질문이 적힌 편지를 수없이 많이 받았고 또 그에 답변했었다. 또 때로 답변하지 않았다는 것을 굳이 숨기고 싶지는 않다. 다만 괴로움의 정도가 항상 같지는 않았고, 심각한 고민을 안고 있지 않은 제법 여유가 있던 젊은이들도 있었다. 혹은 내 결정에 모든 것이 달려 있다고 말하는 사람들도 있었다. 내가 '그래'라고 하면 치유가 되고, 내가 '안 돼'라고 하면 죽겠다는 말이었다. 비록 비장하게 들리기는 했지만, 나는 그것이 나의 나약한 면에, 나의 허영심에 호소하고 있다는 것을 느낄 수 있었다. 이 편지를 쓴 사람은 내가 그렇게 하라고 해서 구원을 얻는 것도 아니고, 내가 안 된다는 말을 한다고 해서 죽지도 않을 것이다. 그는 문제를 계속 키워 나가면서 늙고 지혜로운 많은 사람들에게 똑같은 질문을 던지고, 그들이 들려주는 대답에 가끔은 위로받기도 할 것이다. 가끔은 흥미로워하면서 그것들을 차곡차곡 모아둘 것이다.

만약 오늘 내가 그 편지를 쓴 사람이 그런 사람이 아닐 거라고 생각하면서 그의 고민을 심각하게 받아들여, 그의 신뢰에 대한 화답으로 그를 도울 수 있게 되기를 희망한다면, 그것은 나를 통해서가 아니라 그 자신을 통해서, 내게 손을 뻗었던 그의 힘, 나의 인습적인 연륜의 지혜를 뚫고 지나가는 그의 진실, 나를 순수로 강요하는 그의 순수함에서 이루어지는 것이다. 또한 어떤 덕망이나 이웃에 대한 사랑이나 박애주의를 좋아해서가 아니라 긴 한숨을 내쉬고 나면 어떤 세계관을 갖고 있든지 간에 다시 숨을 들이

켜야 하는 것과 같은 이치일 것이다. 일부러 그렇게 하려 하지 않아도 그것은 저절로 이루어지게 되어 있다.

만약 내가 뇌우가 휘몰아치기 전에 섬광이 번득이듯 진정한 삶을 환하게 느끼고 흥분한 채, 답답하기는 하지만 서둘러 무슨 일이든 해야만 한다면, 나는 이 편지로 더 이상 고민하거나 의문을 가질 필요가 없다. 또한 의미 파악을 위한 일체의 노력이나 판단을 할 필요도 없다. 그에게 유일하게 도움이 될 수 있는 길은 그의 요청에 따라 내 충고나 내 지식을 들려주는 것이 아니라, 바로 자기 자신이 대답해야 한다는 점을 느끼게 하는 것이다.

편지를 쓰는 사람이 아무리 절박하고, 급박한 어려움에 처해 있더라도 관습적인 기호로 표현해야 하기 때문에 미지의 사람이 하는 질문이 편지가 되어 수신자에게 전달되기까지는 많은 것이 필요하다.

그는 "삶이 무슨 의미가 있나요?"라고 물었다. 그것은 어린아이가 세상을 살아가느라 심한 몸살을 앓는 것처럼 모호하고 어리석은 질문이다. 그가 말하고자 한 것은 일반적인 삶이 아니었다. 그에게 있어서 그것은 철학이나 교리나 인권과 관련된 것이 아니라 유일한 자기 자신의 삶이었다. 이른바 나의 지혜로부터 어떤 교훈을 듣고자, 삶에 의미를 부여하는 지침을 듣고자 하는 것이 아니었다. 정말로 그것이 아니라 그는 실제로 존재하는 사람으로부터 잠시 주목을 받고, 그것으로서 이번의 난관을 극복하려는 것이었다.

내가 만약 그에게 그런 도움을 줄 수 있다면 그를 도운 것은 나 자신이 아니라 잠시 동안이나마 내게서 늙음과 지혜로움의 옷을 벗겨내고, 이글이글 끓어오르는 엄연한 진실을 접하게 한 그의 괴로운 처지였다.

아름다운 죽음에 관한 사색 Mit der Reife wird man immer jünger

Also sprach Hesse

9월

뜰이 슬퍼한다.
꽃 사이로 차가운 비가 내린다.
여름이 고요히
종말을 향해 간다.

키 큰 아카시아에서
황금빛으로 물든 나뭇잎이 뚝뚝 떨어진다.
여름은 시들어가는 뜰의 꿈속으로
놀란 듯 맥없이 미소 짓는다.

여름은 앞으로도 한참 동안
장미 곁에 선 채 휴식을 그리워하리라.
그리곤 서서히 피로해진
그 큰 두 눈을 감으리라.

September

Also sprach Hesse

식물의 세계에는 어린 시절 이후로 아무것도 변한 것이 없습니다.
그래서 안심이 됩니다.

서간집 Briefe

Also sprach Hesse

노년에 대하여

백발의 노년은 우리 인생의 한 과정이다. 다른 모든 과정처럼 그 것만의 독특한 성격, 분위기, 열정, 희열 그리고 난관을 가지고 있다. 머리가 하얀 우리 노인들도 젊은 친구들처럼 우리에게 존재의 의미를 부여해주는 과업을 갖고 있다. 침대에 누워 사경을 헤매어 다른 사람을 부르기조차 힘겨운 사람들까지도 중요하고, 꼭 필요한 과제를 달성할 의무를 지닌다.

노인이 되는 것도 젊은이가 되는 것처럼 아름다운 일이며, 성스러운 과제를 부여받는 일이다. 죽음을 배우고, 죽어가는 것도 ─ 삶의 의미에 대한 경외감과 그 성스러움을 완성하는 것이라는 전제하에 ─ 다른 모든 것들처럼 대단히 중요한 과업이다.

머리가 하얗게 세고 죽음이 가까워 오는 노년을 증오하고 두려워하는 노인은, 젊고 힘 있는 젊은이들이 자신의 일상적인 업무와 책임을 경멸하고, 거기에서 벗어나려는 것처럼 믿음직스럽지 못하다.

무릇 노인이라면 삶의 의미를 충족시키고 자신에게 부여된 과업을 올바르게 달성하기 위해서 나이에 따라 맞아들여야 하는 것들에 동의하며 흔쾌히 받아들일 수 있어야 한다. 자연이 우리에게 요구하는 것이 몰두하지 않는다면 – 젊든 늙든 간에 – 삶의 가치와 의미를 잃어버리고, 결국 삶을 속이게 된다.

누구나 백발 노년에 어려움이 있으리라는 것과 죽음을 눈앞에 두고 있다는 것은 잘 알고 있다. 해가 갈수록 희생하고 포기해야만 한다. 자신의 생각과 힘에 의구심을 갖는 것을 배워야 한다.

얼마 전까지만 해도 짧은 산책길 정도로 느껴졌던 것이 멀고 힘겨운 길이 될 수도 있고, 어느 날 갑자기 아예 그 길을 걷지 못하게 될 수도 있다. 그동안 그렇게 좋아했던 음식들도 포기해야만 한다. 육체적으로 느낄 수 있는 기쁨과 쾌락은 더욱 드물게 나타나고, 그런 것들을 위해 이제는 더 많은 대가를 치러야 한다. 질병과 결함, 흐릿해지는 사고력, 굳어가는 육신, 많은 고통들……, 더구나 이 모든 것들을 길고 지루한 밤에 겪어야 한다는 것은 모두가 숨길 수 없는 쓸쓸한 현실이다.

◆

그러나 백발의 노년에도 좋은 점, 위안, 기쁨이 있다. 이것을 알지 못한 채 그렇게 스러져가는 과정에 자신을 완전히 내맡긴다면 한없이 처량하고 슬플 것이다. 노인들은 서로 만나서 악화되어가는 관절염이나 층계를 오를 때 가빠지는 호흡에 대해 쓸데없이 얘기할 것이 아니라, 고통과 분노보다는 기쁘고 위안이 되는 경험과 체험을 나누어야 한다. 사실 따지고 보면 이런 것들은 얼마든지 많이 있다.

노년기 삶의 긍정적이고 아름다운 면을 생각하고, 우리 백발노인에게 힘의 원천이 그것에 놓여 있다는 것과 젊은 시절에는 의미가 없었던 인내와 기쁨을 알 수 있게만 된다면, 나는 굳이 종교로부터 받는 위안에 대해 말할 생각은 없다. 그것은 목회자들이 해야 할 몫이다.

그렇지만 나는 우리 노인들에게 주어지는 몇 가지의 선물에 대해 말할 수 있다. 그 선물들 가운데 가장 소중한 것은 오랜 세월이 지나면서 기억 속에 간직되고, 활동량이 줄면서 예전과 전혀 다른 입장에서 생각하게 되는 추억의 모습들이다. 60년이나 70년 전부터 이미 이 땅에 더 이상 살고 있지 않은 사람들의 모습과 얼굴들이 우리 마음속에 계속 살아 숨 쉬면서 우리 자신의 것이 되어 우리와 우정을 나누고, 살아 있는 눈으로 우리를 지켜보는 것이다. 그사이 완전히 사라졌거나 많이 변한 집과 정원이나 도시들을 우리는 과거의 한때처럼 손상되지 않은 모습으로 볼 수 있다. 수십 년 전에 여행길에서 보았던 아름다운 산과 해변을 추억이라는 그림책 속에서 신선하고 화려하게 다시 만나볼 수 있다.

직시, 관찰, 관조는 하나의 버릇과 연습으로 굳어져가고, 우리가 관찰하는 것의 분위기와 상태가 은연중에 우리 행동 깊숙이 관여한다. 소망, 꿈, 열망, 열정을 품은 채 우리는 대부분의 사람들이 그러는 것처럼 인생의 수 년, 수십 년을 허겁지겁 안절부절못하며 긴장하거나, 기대감에 가득 차거나, 성취감과 실망감으로 심하게 흥분하며 지내왔다. 오늘 나는 커다란 추억의 그림책 속에서 우리 자신의 삶을 조심스럽게 되돌아보면서 그 숨 가쁜 경주에서 벗어나 관조하며 생활할 수 있게 된 것이 무척 다행스럽고 아름다운 일이라 생각한다.

지금 노년의 정원에서는 전에 우리가 미처 가꾸지 못한 많은 꽃들이 곱게 피어나고 있다. 고귀한 인내의 꽃이 만발하면 우리는 더 여유로워지고 관대해질 것이다. 또한 직접 행동으로 옮겨야 한다는 요구가 줄어들수록 자연과 같이 살아가는 다른 사람들의 인생을 더욱 관심 있게 볼 수 있게 될 것이다. 아무 비평 없이, 언제나 신선한 충격을 느끼며 다양성에 놀라워하고 가끔은 조용하게 반성도 하고, 때로는 큰 소리로 웃고 즐거워하며 경청하는 능력을 더 많이 갖게 된다.

얼마 전에 나는 정원에 나가 나뭇잎과 마른 가지들에 불을 붙여 모닥불을 지폈다. 여든쯤 되어 보이는 할머니가 그러고 있는 나를 발견하고는 산사나무 울타리로 다가오더니 가만히 서서 지켜보았다. 내가 인사를 건네자 할머니는 웃으며 이렇게 말했다.

"불, 참 잘 피우셨어요. 우리 나이가 되면 지옥하고도 차츰 익숙해져야 되지요."

그 목소리에 갖가지 고통과 힘겨움이 배어 있기는 했지만, 우스갯소리로 들리기도 했다. 우리는 서로 한참 이야기를 나눈 끝에 마을에 백 살 먹은 노인이 살아 있는 것을 생각해보면 우리 나이가 아직은 그렇게 많은 것이 아니며, 지나치게 늙은 노인이라는 말이 어울리지 않다는 결론을 내렸다.

새파란 젊은이들이 왕성한 혈기와 몰이해로 우리의 뒷모습을 보고 웃거나, 우리의 힘겨운 몸짓, 몇 가닥 남은 흰 머리카락, 힘줄이 불거져 나온 목덜미를 우습게 볼 때면, 그리고 언젠가 우리도 그들과 같이 혈기 왕성하고 아무것도 알지 못했던 시절에 똑같이 웃었다는 것을 기억하면, 우리 자신을 열등하다거나 패배자로 생각하지 않게 되고, 그러한 삶의 과정을 벗어났다는 것과 좀 더 현명해졌고 참을성이 더 많아졌다는 것에 대해 기뻐할 수 있다.

아름다운 죽음에 관한 사색 Mit der Reife wird man immer jünger

◆ Also sprach Hesse
헤세는 이렇게 말했다

2013년 4월 12일 1판 1쇄 찍음
2013년 4월 19일 1판 1쇄 펴냄

지은이 | 헤르만 헤세
편역 | 정인모
기획 | 정인회
펴낸이 | 손택수
편집 | 이상현, 이호석, 임아진
디자인 | 김현주
관리·영업 | 김태일, 이용희

펴낸곳 | (주)실천문학
등록 | 10-1221호(1995.10.26.)
주소 | 우121-839, 서울시 마포구 서교동 478-3 동궁빌딩 501호
전화 | 322-2161~5
팩스 | 322-2166
홈페이지 | www.silcheon.com

ⓒ 실천문학, 2013
ISBN 978-89-98949-03-7 04850
ISBN 978-89-98949-00-6 (세트)

이 책 내용의 전부 또는 일부를 재사용하려면
반드시 저작권자와 실천문학사 양측의 동의를 받아야 합니다.

'책 읽는 오두막'은 실천문학사의 교양 에세이 전문 브랜드입니다.

이 도서의 국립중앙도서관 출판시도서목록(CIP)은 e-CIP홈페이지(http://www.nl.go.kr/ecip)와
국가자료공동목록시스템(http://www.nl.go.kr/ kolisnet)에서 이용하실 수 있습니다.
(CIP제어번호:CIP2013002696)